発達障害・精神疾患

がある子とその家族が

もらえるお金・減らせる支出

日本福祉大学教授

青木聖久

漫画

かなしろにゃんこ。

kokoro library

講談社

はじめに
みなさん こんにちは 青木《あおき》聖久《きよひさ》です
日本福祉大学教授
漫画家の かなしろにゃんこ。です
私は 精神保健福祉分野の ソーシャルワーカーとして 現場で18年 経験を積んだあと 教職につきました
専門は障害年金で 大学での教育や研究 そして講演活動 を行うとともに 全国精神保健福祉会 連合会の顧問なども 拝命しています

＊障害者数は厚生労働省「令和4年生活のしづらさなどに関する調査（全国在宅障害児・者等実態調査）」より

ところが精神疾患・発達障害で困っているにもかかわらず
・制度の存在を知らない
・制度を誤解している
などの事情によって支援から取り残された方々がいまだに大勢いるのです！
そうでしょうね… 私にも発達障害がある25歳の息子がいますが 正直それほど制度には詳しくないですもん
そうなんです
困っている方々に制度を詳しく知ってもらい「生きづらさ」を解消するきっかけをつかんでほしい そんな思いから今回この本を企画しました

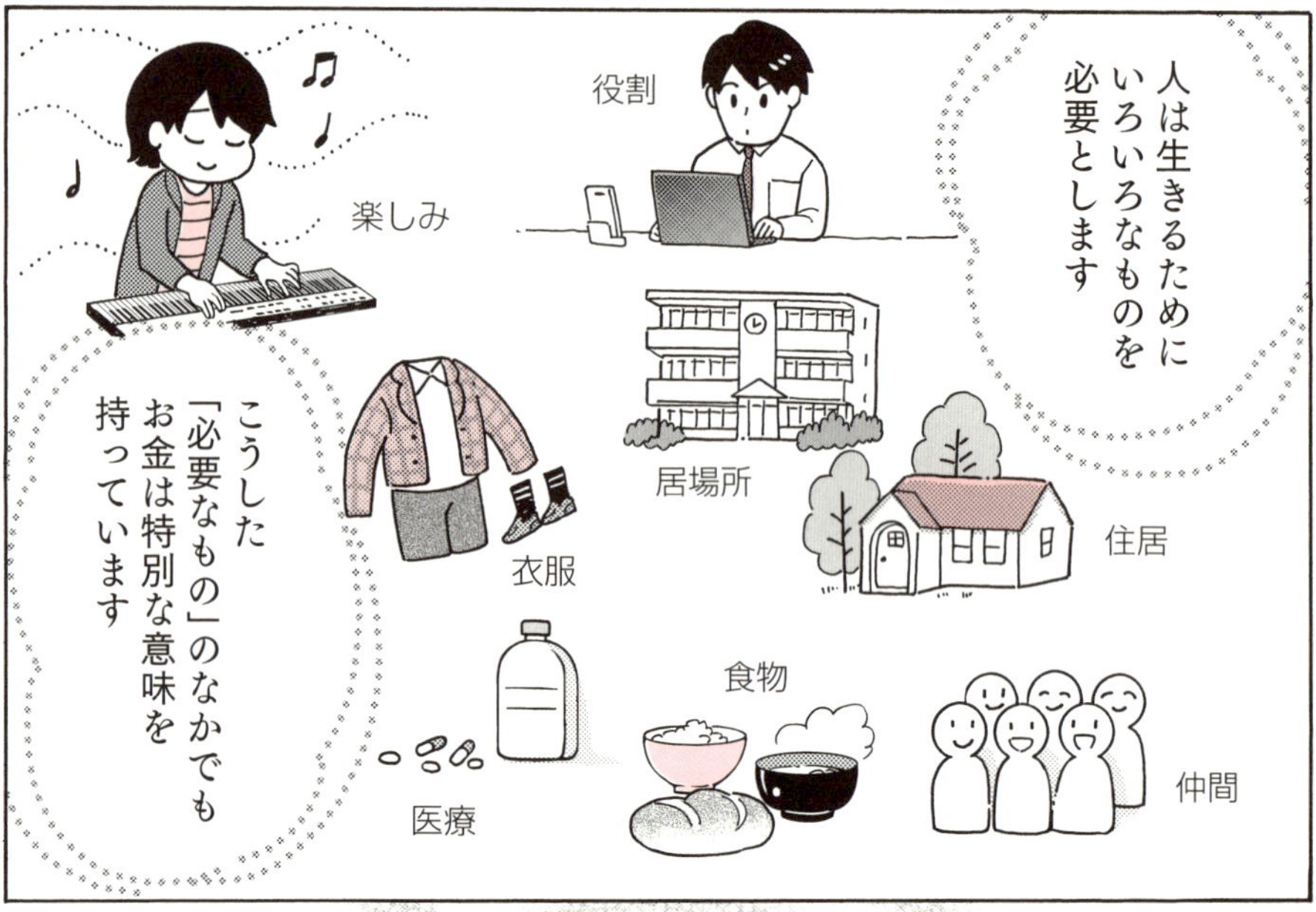

そのお金の面で
私たちを
支えてくれるのが
経済的支援の
制度です！

生活が安定し
必要が満たされると
障害がある本人だけでなく
家族の心も安定します
だから「安定剤」だと
おっしゃるんです
心にも
効くんですね！
いますぐ利用する
必要のない人にとっても
制度に関する情報を
得ておくのは
大切なことです
経済的支援の
諸制度は
とても複雑ですが
本書ではその概要を
明るく・楽しく
そして深く
お伝えできるよう
がんばります
好きな章から
読んでみてください！

我が国にはさまざまな社会保障制度があり、国民にはそれらを利用する権利があります。制度は社会資源であり、困っている人が支援を受けることを躊躇《ちゅうちょ》したり、恥じたりする必要はまったくありません。

にもかかわらず、制度の存在そのものを知らないせいで必要なサポートにつながることができていないケースがたくさんあります。とくに精神疾患・発達障害を抱えた方の場合、その傾向が顕著です。

本書ではそのような方々のため、「経済的支援」に的を絞り、精神保健福祉分野の代表的な制度の仕組みや使い方を解説していきます（ただし文脈上、一部では身体障害や知的障害にも触れています）。

「子ども」とは、おおむね22歳（大学卒業年齢）くらいまでの人を指しています。読者として想定しているのは、そのような子の親（保護者、養育者、監護者など）ですが、教員や福祉職など支援者的立場にいる方々にも一定程度、役に立つはずです。

また、精神障害の場合は子ども時代から抱えていた疾患や障害が30代や40代になってから顕在化するケースもありますが、そのような人や、その家族が読んでも、きっと得るところがあるでしょう。

障害という重い問題を抱えた人のなかでは、その「問題」が過度に大きな存在として心の中心を占めてしまうことがあります（図の❶）。しかし、知識を得て価値観が変わる

知ることで起こる変化

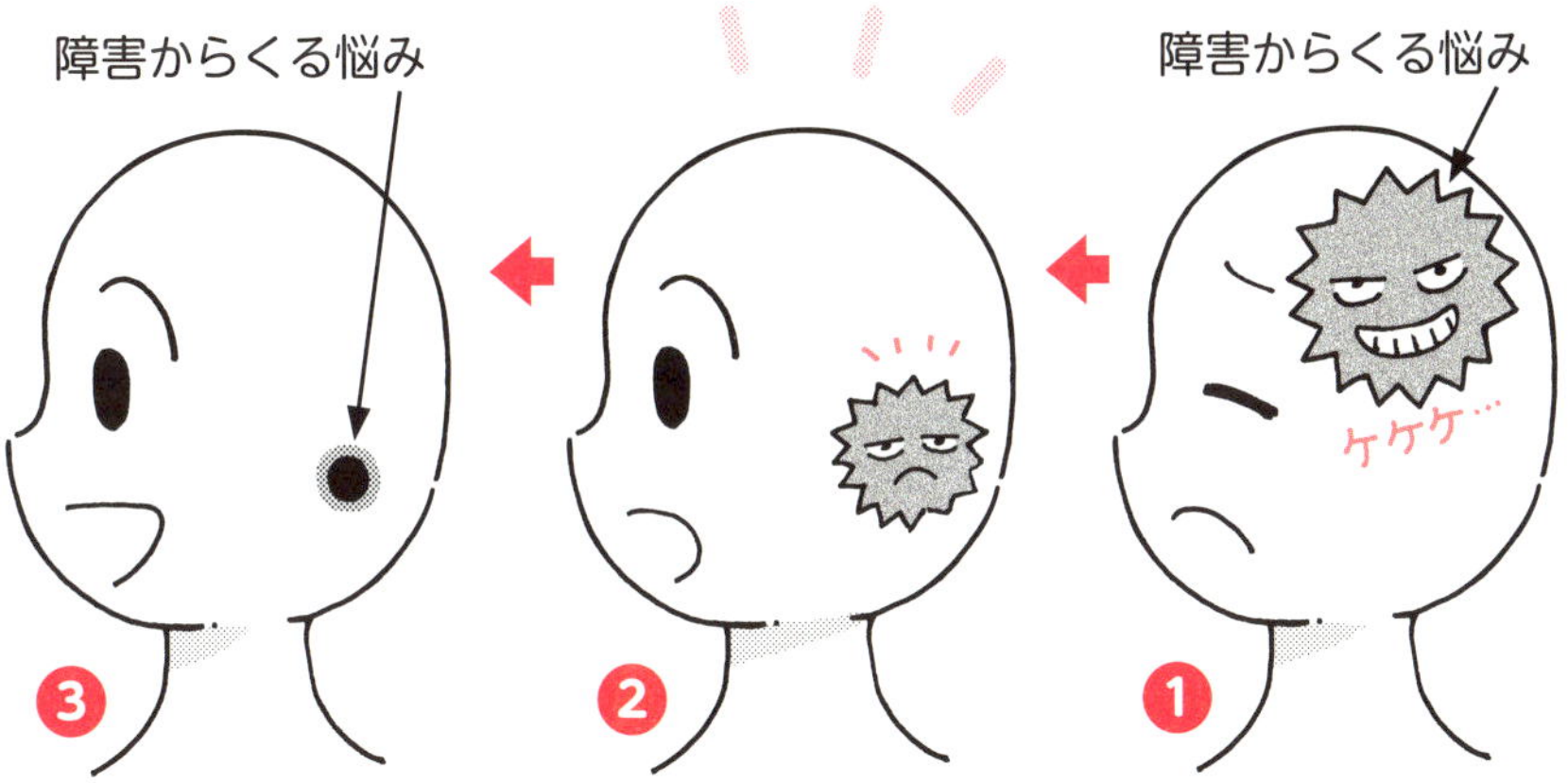

と、問題そのものは解消されなくとも、その位置づけは確実に変わります（図の❷）。知識を実践に移すと生活が広がり、視野も拡大し、問題は相対的に縮小して、「生きづらさ」は和らいでいきます（図の❸）。

制度に関する知識も、きっとみなさんの「生きづらさ」を和らげてくれるに違いありません。たとえば「こんなにたくさんの制度があったんだ」「これは使えるかもしれない」とわかっただけでも、安心感が湧いてくるでしょう。

この本から明日につながる知識を楽しく得てもらえれば、著者としてこれほど嬉しいことはありません。どの章から読んでもわかるようにしてあるので、好きなところから、マンガだけでもいいので読み進めていただき、ぜひ各自でご活用ください。

（なお、本書のタイトルは「発達障害・精神疾患」ですが、本文では「精神疾患・発達障害」としました。読みやすさを考えてのことで、意味は変わりません。）

発達障害・精神疾患がある子とその家族がもらえるお金・減らせる支出　目次

第3章 障害者手帳による減免

手帳によって受けられる減額と免除

第4章 国や自治体から支給される手当

本人とその家族がもらえるお金

第5章 障害者扶養共済制度（しょうがい共済）

親なき後に子どもがもらえるお金

第6章 障害年金（その1）

制度のあらましともらえる金額

第7章 障害年金（その2）請求の準備と手続きの流れ

第8章 医療費をサポートする諸制度
重すぎる自己負担を減らす

ブックデザイン　山原 望
DTP・図版作成　朝日メディアインターナショナル株式会社
編集・執筆協力　有限会社エーアンドイー（江本芳野・天野弘美）

＊本書は2024年10月までに確認できた法令、官公庁などが公表している情報などをもとに制作しました。出典については下のQRコードを参照してください。どの制度も予告なく変更される場合があることをお断りしておきます。なお、著者、漫画家および編集部は個別の相談には応じておりません。関係各機関や事業者に直接お問い合わせください。

第1章

なぜ経済的な支援が必要か

先生！
そもそもどんな人が経済的支援の対象になるんでしょうか？

支援の対象となる精神障害者は次のような法律で定義されています
障害者基本法
精神保健福祉法
発達障害者支援法
＊ほかにもいろいろな法律が関係します

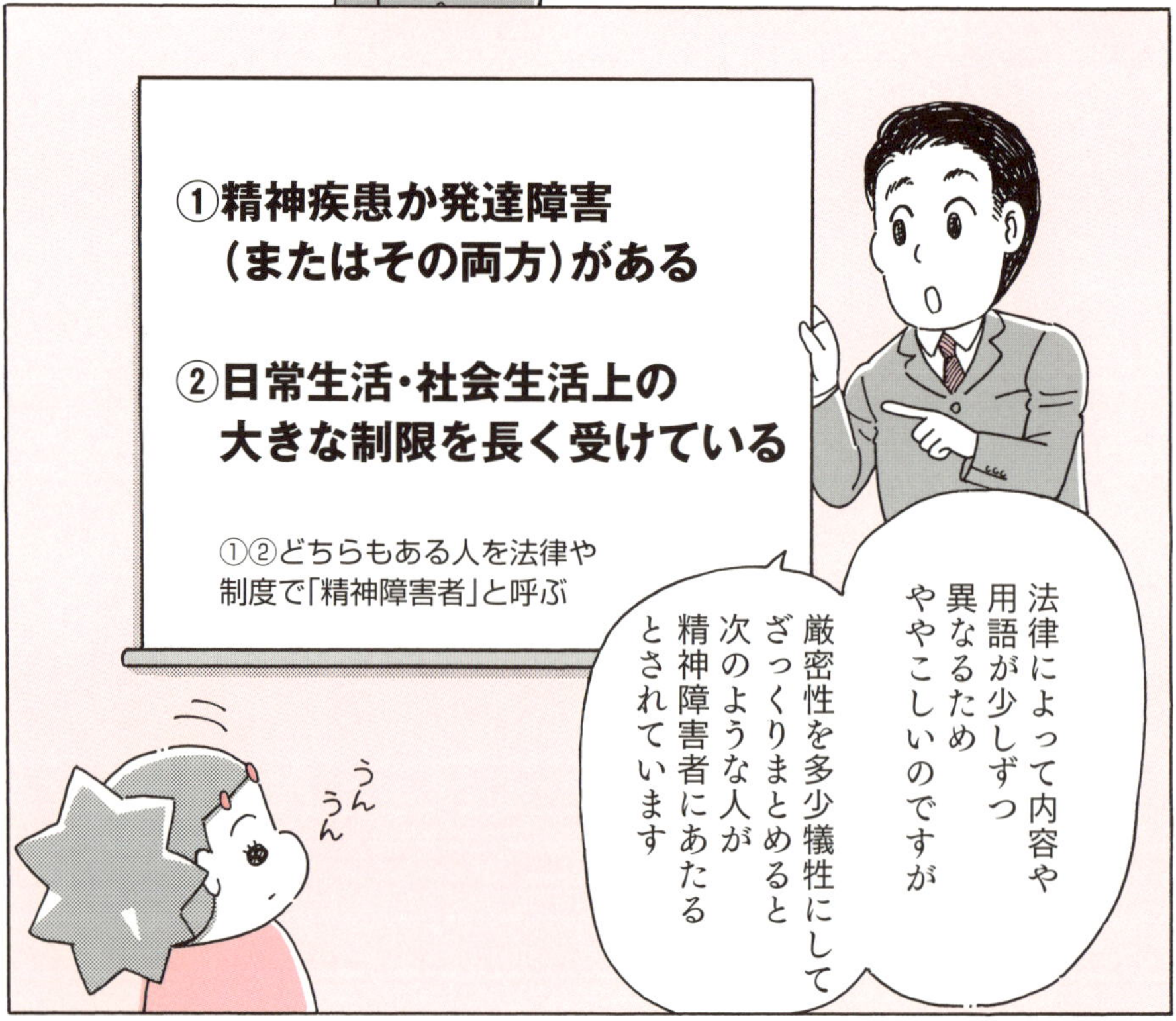
法律によって内容や用語が少しずつ異なるためややこしいのですが
厳密性を多少犠牲にしてざっくりまとめると次のような人が精神障害者にあたるとされています
①精神疾患か発達障害（またはその両方）がある
②日常生活・社会生活上の大きな制限を長く受けている
①②どちらもある人を法律や制度で「精神障害者」と呼ぶ
うんうん

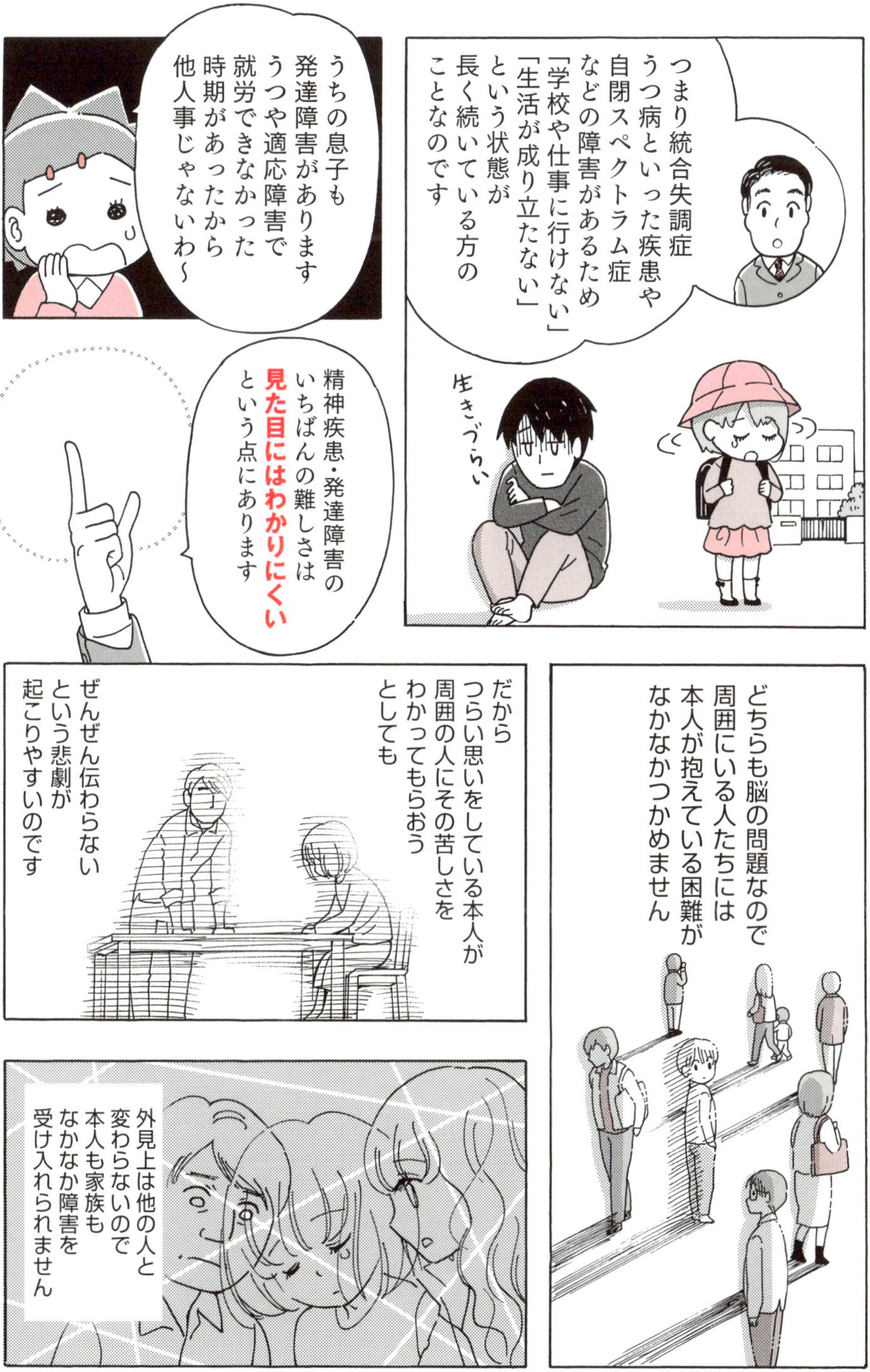
つまり統合失調症うつ病といった疾患や自閉スペクトラム症などの障害があるため「学校や仕事に行けない」「生活が成り立たない」という状態が長く続いている方のことなのです
生きづらい
うちの息子も発達障害がありますうつや適応障害で就労できなかった時期があったから他人事じゃないわ～
精神疾患・発達障害のいちばんの難しさは**見た目にはわかりにくい**という点にあります
どちらも脳の問題なので周囲にいる人たちには本人が抱えている困難がなかなかつかめません
だからつらい思いをしている本人が周囲の人にその苦しさをわかってもらおうとしても
ぜんぜん伝わらないという悲劇が起こりやすいのです
外見上は他の人と変わらないので本人も家族もなかなか障害を受け入れられません

このため
障害を克服しようと
無理をして
かえって悪化させて
しまったり――
努力したけど…
オレはダメ人間だ
自分や親を
責めてしまったり
あるいは親から
叱咤激励を
受けたりして――
自分が悪い
親のせいだ
もっと
がんばれ
家族関係が
崩壊してしまう
こともあります
さらに家庭の外
すなわち社会のなかで
友人や知人などに
接すると――
無理解・すれ違い
は？ 病気？
お前の努力の
問題だろ？
お宅のお子さんが
発達障害⁉
考えすぎじゃない？
そうそう
？

差別・偏見
統合失調症⁉何かコワそう
若いのにブラブラして…障害？根性が足らんのだ！
もう生きていたくない
こんな視線にさらされ自己肯定感を挫《くじ》かれます
すなわち人や社会との接点から
生きづらさが生じてくるのです
昔から精神疾患には差別的な「負のイメージ」がつきまとってきましたたとえば「役立たず」「キレやすい」「おかしい」などです
これらはいずれも差別に満ちた偏見にすぎませんしかし——
残念なことに本人や家族がいつのまにかその偏見に影響されて必要な支援を拒否するというケースもあるのです

支援だって⁉
オレは役立たず
なんかじゃない！
うちの子は
やればできる子
なんですよ
このように言う本人・家族は
もしかしたら支援を受けることを
「劣っている証」だと
感じているのかもしれません
劣ってなんて
いないと思う
けどな…
そのとおり！
大きな誤解なのですが
当事者である
本人・家族が
障害に対して抱いている
このような負の感情を
私は**内なる偏見**と
呼んでいます
精神疾患や発達障害は
たしかに厄介な症状を
引き起こします
しかし障害や病気は
その人の「ほんの一部分」です
感情もプライドもある
一人の人間としての価値が
損なわれたわけではありません

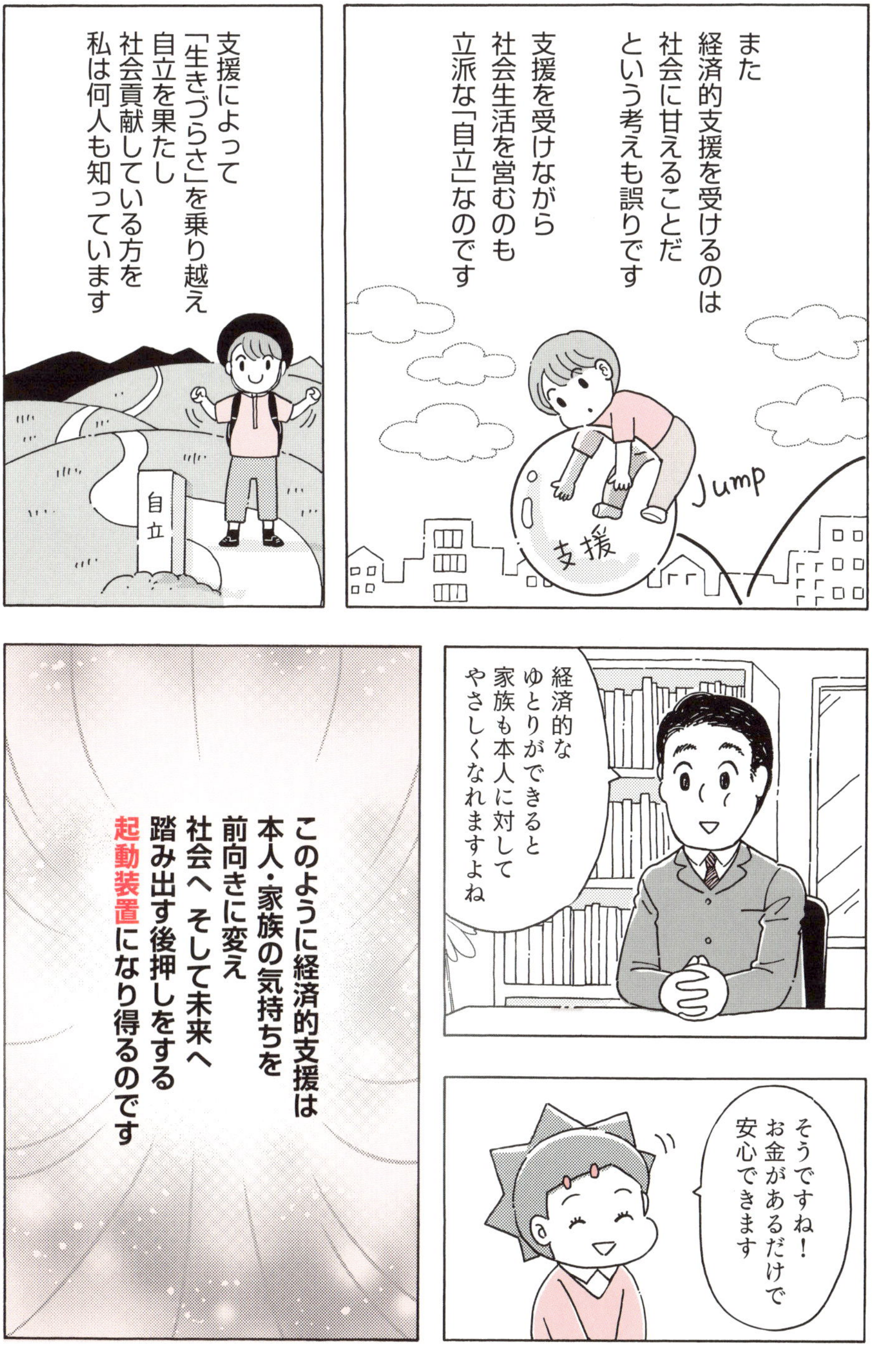
また
経済的支援を受けるのは
社会に甘えることだ
という考えも誤りです
支援を受けながら
社会生活を営むのも
立派な「自立」なのです
Jump
支援
支援によって
「生きづらさ」を乗り越え
自立を果たし
社会貢献している方を
私は何人も知っています
自立
経済的な
ゆとりができると
家族も本人に対して
やさしくなれますよね
そうですね!
お金があるだけで
安心できます
このように経済的支援は
本人・家族の気持ちを
前向きに変え
社会へ そして未来へ
踏み出す後押しをする
起動装置になり得るのです

2004年発表の「こころのバリアフリー宣言」のなかで国は
生涯のなかで5人に1人は精神疾患にかかるといわれている
と指摘しましたが——

その後も精神疾患にかかる人の数はおおむね増え続けています このなかにはもちろん子どもも含まれます

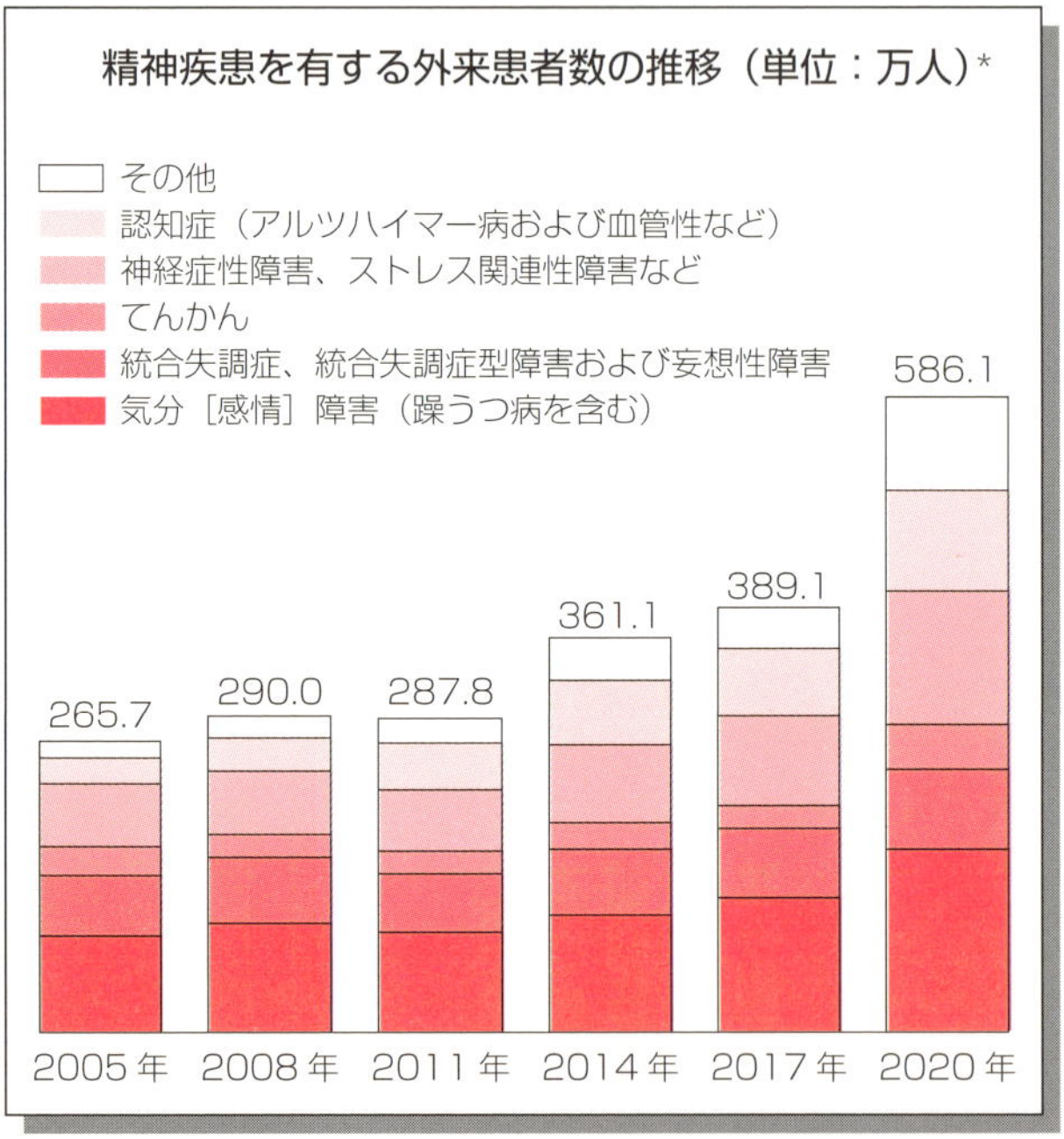
精神疾患を有する外来患者数の推移（単位：万人）*
その他
認知症（アルツハイマー病および血管性など）
神経症性障害、ストレス関連性障害など
てんかん
統合失調症、統合失調症型障害および妄想性障害
気分［感情］障害（躁うつ病を含む）
265.7
290.0
287.8
361.1
389.1
586.1
2005年
2008年
2011年
2014年
2017年
2020年

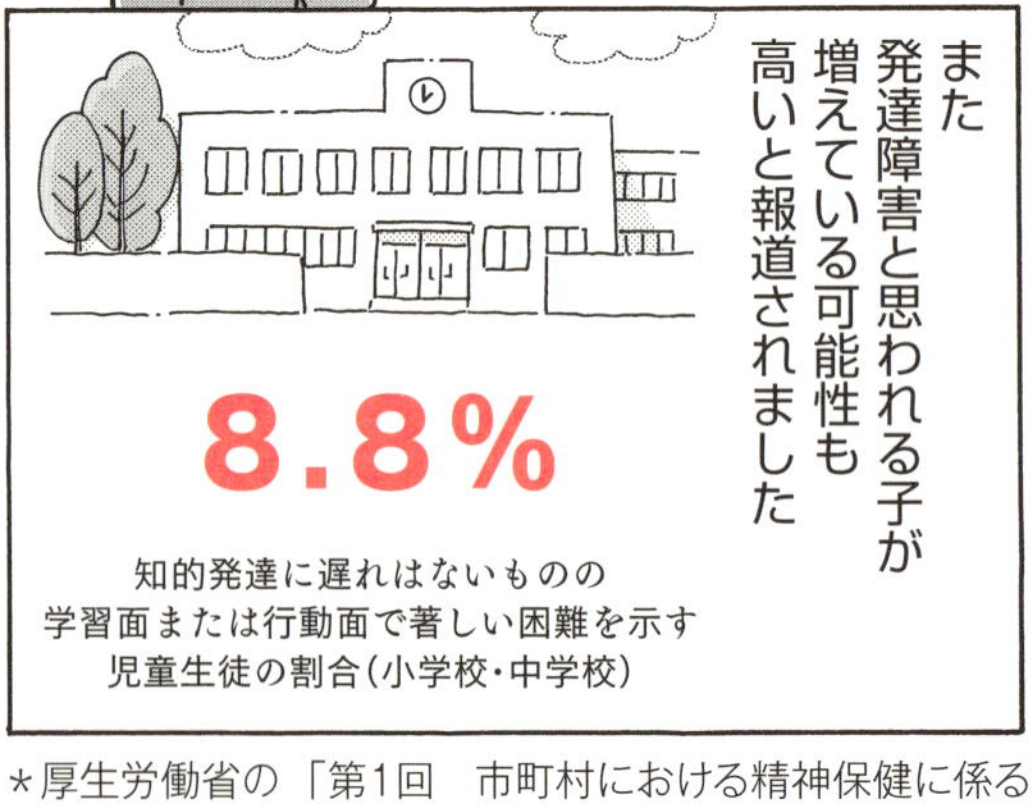
また発達障害と思われる子が増えている可能性も高いと報道されました
8.8%
知的発達に遅れはないものの
学習面または行動面で著しい困難を示す
児童生徒の割合（小学校・中学校）

いまやだれもが精神疾患の患者またはその家族になり得る——
そんな時代になったのです

＊厚生労働省の「第1回　市町村における精神保健に係る相談支援体制整備の推進に関する検討チーム」資料2（2023年2月8日）より編集して引用

精神疾患・発達障害があるというのはもはや それほどめずらしいことではありません
誰にとっても自分事なのです
困っている人が支援を受けることもなんら特別なことではなく当然の権利です
そうですよね！
本書の各章では国や自治体などが設けている以下の経済的支援制度を紹介していきます
これ以降の内容
障害者手帳 →第2〜3章
国や自治体が支給する手当 →第4章
障害者扶養共済制度 →第5章
障害年金 →第6〜7章
医療費をサポートする諸制度→第8章
➡さらに詳しいガイドは35ページを参照
暮らしを応援してくれる仕組みは知っておくだけでも有益です
興味がわいたところからでいいので目を通してみてください

障害を理解する①

精神疾患・発達障害ってなに？

法律や制度によって多少異なりますが、一般に心身の障害は①外部障害（眼や体の不自由）、②精神障害（精神疾患、発達障害、知的障害）、③内部障害（臓器や代謝の深刻な不調）の3つにわけられます。ここからわかるとおり精神疾患と発達障害は②に含まれており、具体的には、次ページに示したような診断を受けている人が「精神障害者」として支援の対象になる可能性があります。

精神障害があると認められるには、診断のほかに、症状が原因で長期間*にわたり日常生活・社会参加が困難になっていることも基本的な要件になります。精神疾患（たとえば、「うつ」）にかかっても短期で治癒する人や、発達に凹凸があっても支障なく生活できる人もいますが、そのような人は特別な事情がない限り精神障害者には該当しません。

なお、本書では一般になじみのない「精神障害」ではなく、原則として「精神疾患・発達障害」を使います。

*どのくらいの期間を「長期」とするかは制度ごとに異なります

精神障害に分類される疾患や障害の例

制度によって経済的支援の対象となる精神疾患・発達障害のうち、代表的なものを下に挙げました（精神障害者保健福祉手帳や障害年金で参照されているICD－10［国際疾病分類第10版］を参考に、一般によく使われる病気・障害の名称を選んでいます）。制度ごとに若干差はあるものの、これら以外にも多くの傷病が支援の対象になります。あくまで代表例とご理解ください。

精神疾患

- 統合失調症
- 気分（感情）障害
  うつ病、双極性障害（躁うつ病）など
- てんかん
- 依存症
  アルコール依存症、薬物依存症など
- 高次脳機能障害
- 認知症

発達障害

- 自閉スペクトラム症
  自閉症、アスペルガー症候群を含む広汎性発達障害
- 学習障害（限局性学習障害）
- 注意欠如・多動症（ADHD）

障害を理解する②

支援を受けたほうがいいのはなぜ？

精神疾患・発達障害がある人は症状*を抱えており、その症状は、次ページのAさんのケースのように正常な日常生活と社会参加を妨げます。だから経済的なサポートを含む支援が必要なのです。精神疾患・発達障害の症状には、次に挙げる3つの特徴があり、これらが当事者のニーズを見えにくくするため、サポートが難しくなります。

波がある　生活環境、人間関係、薬物療法、本人の体調などに影響されて症状が沈静化したり悪化したりします。調子のいいときがあっても、また悪くなることがよくあるのです。

本人が訴えるとは限らない　症状で苦痛を感じても、本人はそれを言葉にできないことがあります。たとえば幼児や小学生は、「活動を拒否する」「大騒ぎする」などの行動でしか表現できず、支援を受けるどころか「問題児」扱いされるケースすらあります。

常態化する　生活上の不便が「当たり前」になってしまい、当事者も相談せず、周囲も気づかないため見過ごされ、必要な支援が行われないままになってしまうことがあります。

＊発達障害の場合は「特性」と呼ぶことが多いですが、ここでは本人に不便を強いる特性という意味で「症状」を使います

統合失調症のAさんのケース

症状による不調
（一次障害）

18歳のとき「統合失調症」を発症。薬物療法を受けながら生活しているが、思考力の低下などの症状が消えず、何事も時間をかけないとできない

コミュニケーション不全
（二次障害）

ある日、調子が悪くなり、町内会の掃除当番を休むことに決めた。連絡の電話をうっかり早朝にしてしまい、話もしどろもどろになったため、町内会長を怒らせてしまった

★症状のため電話するのに適した時間が判断できず、うまく言葉を選ぶこともできなかった

社会活動への制約
（三次障害）

この出来事をきっかけに、Aさんは町内で孤立しがちになっていく。「変な人」と誤解され、よくない噂が広まり、外出しにくくなった。仕事にも支障が出始める

障害を理解する③

障害がある本人・家族はなぜ困るの？

精神疾患によって本人の生活にどんな支障が出るかは前項で見た通りです。しかし、本人が経験する苦しみは他にもあり、本人を支える家族も苦悩する立場に置かれます。

当事者である本人や家族が直面するこうした苦しみは、次ページの3つにわけられます。このうち最も解決が難しいのは、いちばん下の「差別や偏見」でしょう。

精神障害は犯罪と結びつけて報道されたり、異常（あるいは危険）と誤解されて語られることがあります。そのような差別・偏見に満ちた言説がいつの間にか当事者の内面にも巣食《すく》ってしまい、当事者が自らを卑下し始める現象を、私は「内なる偏見」と呼んでいます。

実は私自身にも、若いころは精神疾患・発達障害に対する偏見がありました。しかし精神科病院のデイケアにアルバイトに行ったとき出会った患者さんたちは、ヒューマニズムにあふれる人たちばかりで、一気に人生観が変わりました。実像を知らないことが、差別・偏見の温床になるのです。イメージに踊らされることなく、実像に目を向けなければいけません。

精神疾患・発達障害に起因する「生きづらさ」

疾患 病気そのもの

精神疾患や発達障害の症状が本人を苦しめます。本人をケアする家族も波のように変化をくり返す症状に振り回され、無理を重ねて疲弊しがちになります

障害 生活上の不便

本人が直面する困難については24～25ページで書きましたが、「病院に付き添う」「家事を代行する」などのかたちで負担がかかるので、家族の社会活動も制限されます。近年は未成年の子が精神障害の大人をケアするケースが表面化し社会問題になっています（ヤングケアラー問題）

意識 差別や偏見

見た目には「疾患・障害がある」とわかりにくいため、周囲に相談しても相手にされなかったり、病気で働けないのに「怠惰」と誤解される、「おかしな人」とみなされる、などの差別・偏見にさらされやすくなります。疾患・障害を受容できず、無理をして隠そうとしたり、自責・他責の念にかられて苦しみを深めている当事者もいます

制度を理解する

経済的支援にはどんなメリットがある？

経済的支援を受けることで、当事者は「収入を増やす」か「支出を減らす」ことができますが、そのようなサポートを受ける意義は、次ページのようにまとめることができます。

このうち、経済的支援が「意識改革のきっかけ」になる、という点は強調しておきたいと思います。支援を嫌って仕送りや小遣いで本人を援助し続けようとする家族もいますが、もらう本人は、親の顔色をうかがいつつ、心苦しい思いをしながらお金を使うことになります。親も、使い道にあれこれ口を挟みがちです。そのような関係性は、やがていきすぎた依存や支配を生じさせるかもしれず、健全なものとはいえません。

社会は人同士がつながり、支え合って成り立っています。経済的支援を受けることで「つながり」を確認すること。支援を活かして自立し、社会の役に立つこと。そうすることで初めて自己有用感（自分が役に立っている感覚）が得られ、自分を肯定する気持ち（自己肯定感）がわいてきます。その自己肯定感こそ、当事者に最も必要なものなのです。

経済的支援を利用する意義

制度を利用してお金を得る（または支出を減らす）ことで、次のような効果が期待できます。

生きる糧として

・生活を安定させ、
同時に活性化してくれる

・生活を広げる手段になる

意識改革のきっかけとして

・障害や生きづらさを
受け入れる契機になる

・「社会に頼っていい」と
折り合いがつく

・金銭管理を通じて
生活感覚が養われる

未来への「架け橋」として

・無理のない働き方を模索できる

・家族の一員として貢献できる

・社会活動に取り組めるようになる

ケーススタディ

どんなふうに制度を利用すればいい？

どの制度から活用すべきか迷う読者もいることと思います。次ページ以降で具体的なケースを紹介しますが、障害の種類や家庭の状況によりさまざまなパターンがあり得ます。

しかし、一般にまず押さえたいのは、手当（第4章）と子ども医療費助成（第8章）です。一定年齢以下の子とその親なら、受けられるものが必ずあるからです。

次に、精神障害者保健福祉手帳（第2章）が見逃せません。手帳により減額・免除になる支払い（第3章）があることに加え、他の支援サービスへの架け橋にもなります。

医療ニーズが高い場合は、自立支援医療（精神通院）が役に立ちます。また、お住まいの自治体が独自の医療費助成を行っている場合があるので調べてみましょう（第8章）。

以上を活用したうえで、子どもの将来のために障害年金（第6～7章）については必ず知っておくようにしてください。親なき後を見越して、障害者扶養共済制度（第5章）を検討するのも意義あることだと思います。

ケース1 娘の発達障害に気づいたBさん

娘0歳

赤ちゃんの頃から抱っこを拒否するなど気になる点が多いが、周囲に相談しても「子どもはそんなもの」と言われる

娘3歳

一人遊びが多く言動も特異なため発達障害と直感。病院を受診し自閉症と診断される

娘5歳

精神障害者保健福祉手帳（第2章）を取得。夫が会社員だったので税の控除（第3章）で家計負担が軽くなった。しょうがい共済（第5章）に加入して将来への備えも開始

娘6歳

特別児童扶養手当（第4章）を受給するようになり、家計の負担が軽減した。療育施設を利用する時間的余裕もでき、一家の生活が安定してきた

次ページにつづく

（ケース2）息子が精神疾患になったCさん

息子 15歳

成績優秀だった息子が高校入学と同時に不登校に。言動がおかしいので医師に診てもらうと統合失調症と診断された

息子 16歳

精神障害者保健福祉手帳を取得（第2章）。手帳による交通費の減免（第3章）がきっかけとなって引きこもりがちだった息子の活動範囲が広がり、活力が戻ってきた。学校にも病状を説明し、理解を得られた

息子 18歳

親と学校のサポートで無事に卒業。本人は大学への進学を目指す。家族は息子の将来のことを考えて障害年金（第6〜7章）を請求するための手続きなどを調べ始めた

（ケース3）「大人の発達障害」だったDさん

本人19歳

幼少期から成績優秀。だが人の気持ちを推し量るのが苦手で、思ったことを何でも言ってしまうため友達ができない。本人はなぜ嫌われるのか、まったくわかっていなかった

本人29歳

数少ない友人から「大学のとき○○と言われてつらかった」と厳しく指摘される。ショックを受けて調べみると、自分に発達障害の可能性があるとわかる。精神科で確定診断も出た

本人40歳

特性のため仕事が長く続かず、結婚生活も破綻。友人に社会保険労務士を紹介され、強く勧められて精神障害者保健福祉手帳を取得（第2章）。ただ、抵抗感がありそれ以上の支援は拒否する

本人50歳

老後のことを考えて障害年金（第6〜7章）を申請。これが基礎収入となり、精神的余裕も生まれた。現在は生活保護（204ページ）の申請を検討中

制度全体の概要

どんな経済的支援の制度がある？

本書では、次ページに掲載した経済的支援制度を解説します。詳しくは各章で述べますが、実施しているのは「国」「自治体（都道府県、市町村）」「事業者（企業など）」です。いろいろな制度があり、頼もしいとも言えますが、どの制度を利用するときにも共通して注意しておきたいことがあります。それが次の2つです。

申請主義　一部例外はありますが、どの制度も、原則として本人または家族が、しかるべき窓口に「使いたい」と申し出なければ使えません。これを「申請主義」と言いますが、当事者が待っていても経済的支援は始まらないので注意してください。

要件や手続きが多様　制度を利用するための条件（要件）や、申請に必要な書類・手続きは、制度の実施主体ごとにまちまちです。インターネットでは探しにくい情報もあります。本書で紹介するのは大部分が公的制度ですが、公的制度はたいていお住まいの地域の役所が窓口なので、まず電話で担当課を調べるところから始めるといいかもしれません。

この本で扱う制度とそのあらまし

第2章
第3章

障害者手帳

障害があることの証明に使える

「精神障害者保健福祉手帳」を中心に紹介。取得によって他の制度が利用しやすくなるほか、いろいろな支払いが減額・免除になることもあります

第4章

本人や家族がもらえる手当

子ども・親を対象にお金を支給

国が実施する手当だけでなく、自治体が独自に支給している手当も紹介します

第5章

障害者扶養共済制度（しょうがい共済）

掛金を支払い「親なき後」に備える

知名度はやや低めですが、他の制度との相性など、民間の保険会社の商品にはないメリットがあります

第6章
第7章

障害年金

障害がある人に隔月ごとに一定額を支給

精神疾患・発達障害がある人の重要な生活の柱になり得る制度です。請求できるのは本人が20歳になってからですが、前もっていろいろな準備が必要です

第8章

医療費助成

医療費の自己負担額を軽減する

国と自治体が実施しており、地域により受けられるサポートに差がありますが、知っておいて損はありません

この本で「障害」「障害者」という言葉を使う理由

現在も法律などで使われている言葉

「害」という文字にはネガティブな意味があり、また「障害者」は社会の「障害」になる「者」、すなわち邪魔者と解釈し得るため、「障害」「障害者」という表記（あるいは言葉）の使用に反対する方や、「障がい」と交ぜ書きにする方もいます。

しかし、法律の条文などで使われているのは「障害」「障害者」という言葉なので、本書ではこれら２つの言葉を使っています。

「障害」という言葉が広まった背景

実は「害」の字は当て字なのです。もともと「差しさわりがある」という意味だった仏教語の「障礙」（しょうげ）が、明治期に「障碍」と表記され、「しょうがい」と読まれるようになりました。

大正期から「障害」が使われるようになったのですが、人に対して使われることはなかったそうです。1946年に当用漢字表から「碍」の字が削除され、その後復活することなく「障害」が定着し、今に至っています。

「当事者」という言葉

この本では障害がある人を「本人」と呼び、本人のサポートに当たる身内――多くの場合は家族や近しい親族――を「家族（ご家族）」と呼んでいます。このため本書ではあまり出てきませんが、少し話を広げて、類書などでよく使われる「当事者」という言葉についても触れておきましょう。

「当事者」はもともと、「事に当たる人」という意味で、ある事象と関係する人を指す言葉として使われていました。障害や福祉に関する文脈では、一般に本人だけを当事者と呼ぶことが多いのですが、家族も障害と向き合う立場にあり支援を必要としています。そのことから私は、家族も「当事者」であると考えています。

第2章

精神障害者保健福祉手帳

他の制度につながる「入り口」

この章では障害者手帳（以下「手帳」）について紹介します
手帳を取得してもお金がもらえるわけではありませんが最初に紹介するのには理由があります
経済的支援を受けるためには障害で困っていると客観的に示せなければいけません
公的機関などでよく求められるのは「医師の診断書」ですが診断書を入手するのはなかなか大変です
なんで大変なんですか?
診断書は医師にしか書けませんし作成にも時間がかかりますしかも1通につき数千円～1万円ほど費用がかかります
すぐにもらえるわけではないんですね

ですが手帳を持っていれば手帳の原本やコピーが診断書がわりになる場合もあり便利です
さらにこんなメリットもあるんですよ
支出の減額・免除がある ➡第３章参照
福祉サービスが受けやすくなる ➡90ページ参照
生活保護でもらえる額が増える（加算がつくことがある） ➡204ページ参照
だから何よりも先に紹介したいんです
どうやったら手帳を取得できるんですか？
そもそも手帳にはこの３種類があります
①身体障害者手帳
②療育手帳
③精神障害者保健福祉手帳
このうち精神疾患・発達障害の当事者にとりわけ関係が深いのは③です

精神障害者保健福祉手帳は初めて医師の診察を受けた日から6ヵ月たったら役所の担当課の窓口で申請できます
役所
クリニック
初診6ヵ月
そして審査が行われ2ヵ月ほどで結果が通知されます
障害者手帳
手帳タイプ
障害者手帳
カードタイプ
一定の等級に認定された場合その通知書面などを持って役所に行けば手帳を交付してもらえます
ポイント
申請には医師（おもに精神科医）の診断書が必要ですがこれが重要です
へ～　どういうことですか？
精神障害者保健福祉手帳の審査は基本的に**書面のみ**で行われます
判定で主要な資料となるのは本人を診ている医師が書いた「診断書」なのです

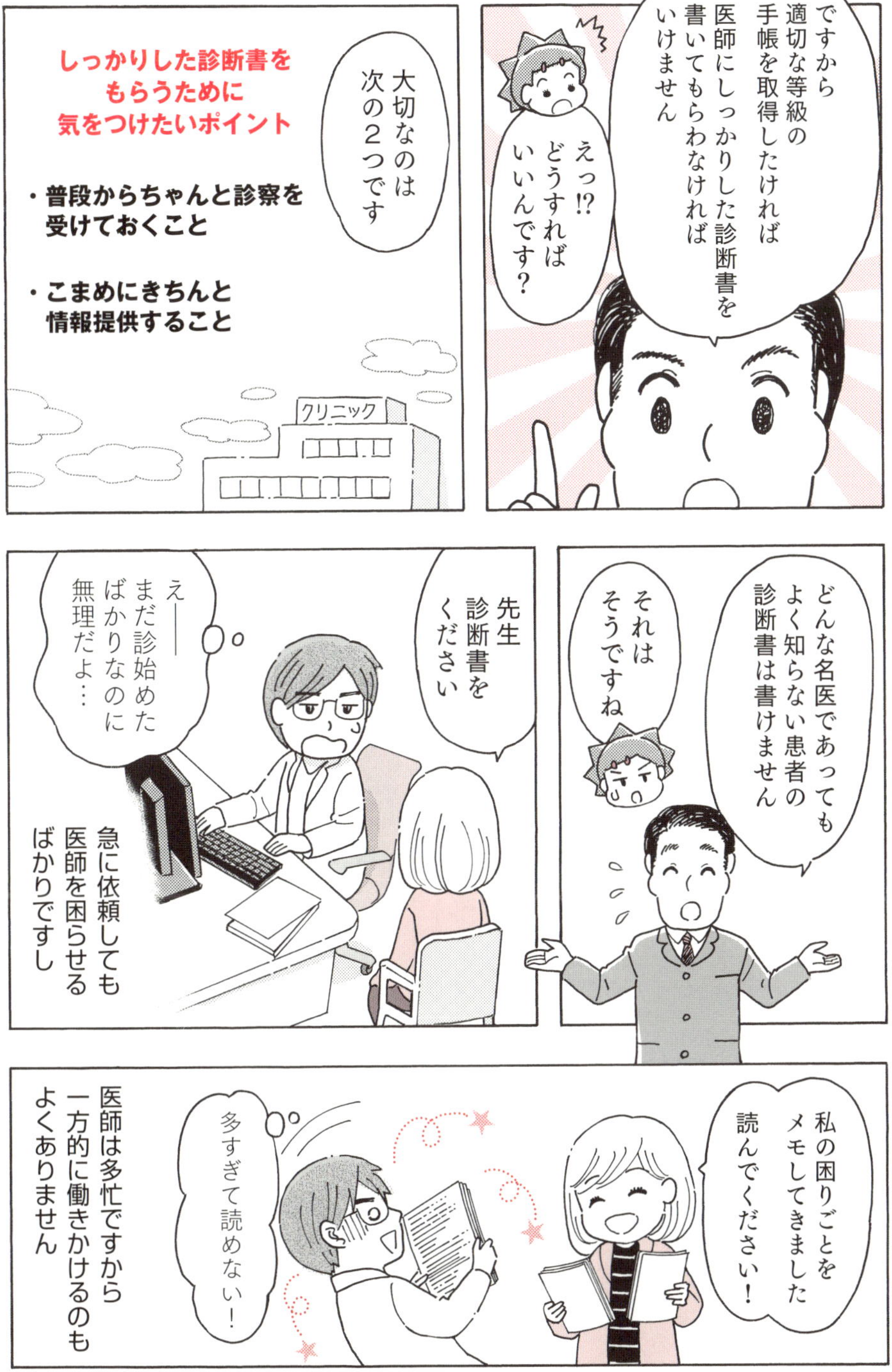
ですから
適切な等級の
手帳を取得したければ
医師にしっかりした診断書を
書いてもらわなければ
いけません
えっ!?
どうすれば
いいんです?
大切なのは
次の2つです
しっかりした診断書を
もらうために
気をつけたいポイント
・普段からちゃんと診察を
受けておくこと
・こまめにきちんと
情報提供すること
クリニック
どんな名医であっても
よく知らない患者の
診断書は書けません
それは
そうですね
先生
診断書を
ください
え――
まだ診始めた
ばかりなのに
無理だよ…
急に依頼しても
医師を困らせる
ばかりですし
私の困りごとを
メモしてきました
読んでください!
多すぎて読めない!
医師は多忙ですから
一方的に働きかけるのも
よくありません

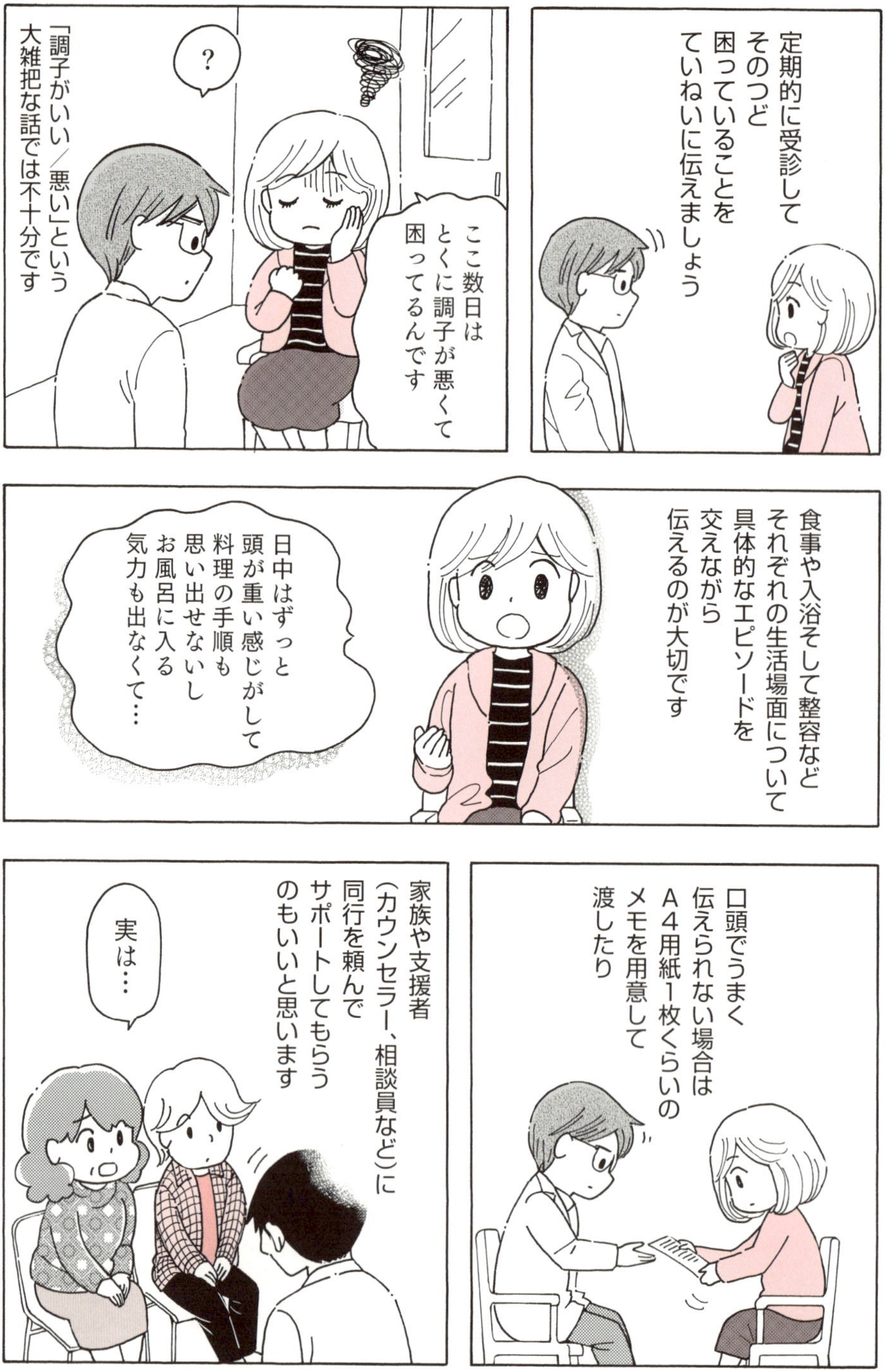
定期的に受診して
そのつど
困っていることを
ていねいに伝えましょう
ここ数日は
とくに調子が悪くて
困ってるんです
?
「調子がいい／悪い」という
大雑把な話では不十分です
食事や入浴そして整容など
それぞれの生活場面について
具体的なエピソードを
交えながら
伝えるのが大切です
日中はずっと
頭が重い感じがして
料理の手順も
思い出せないし
お風呂に入る
気力も出なくて…
口頭でうまく
伝えられない場合は
A４用紙１枚くらいの
メモを用意して
渡したり
家族や支援者
（カウンセラー、相談員など）に
同行を頼んで
サポートしてもらう
のもいいと思います
実は…

前章でもお伝えしましたが
精神疾患・発達障害には
見た目にはわかりにくい
という特徴があります
うつ病はよく知っている
でも発達障害はなあ…
う〜ん……
医師も万能ではありません
お互いの認識がこんなふうに
ズレることもあります
ご飯は食べられてます？
はい食べてます
おいしい
あまりお腹が空かないオニギリひとつでいいか
伝え方には注意してください
さらに環境などの変化で
症状が軽快したり悪化したりと
波が起こることもあります
うんうん
ですからちゃんとした診断書を作成してもらうためには
定期的に医師の診察を受けて起きた変化についてできるだけ正確に伝えることが肝心です

最後に手帳は福祉サービスへの「入り口」にもなるということを強調しておきます
手帳の申請のため家族が役所に出向いたところ窓口で相談支援事業所を紹介されとても助かったというケースを知っています
!
受付
手帳をきっかけに事業所とつながると事業所の相談員がその地域にある他のサポート機関に橋渡しをしてくれることもあります
サポート機関A
サポート機関B
相談支援事業所
サポート機関C
つまり手帳の申請・取得をきっかけに「暮らしの応援団」が増えることもあるというわけです
社会福祉法人
他の支援制度
NPO法人
家族会

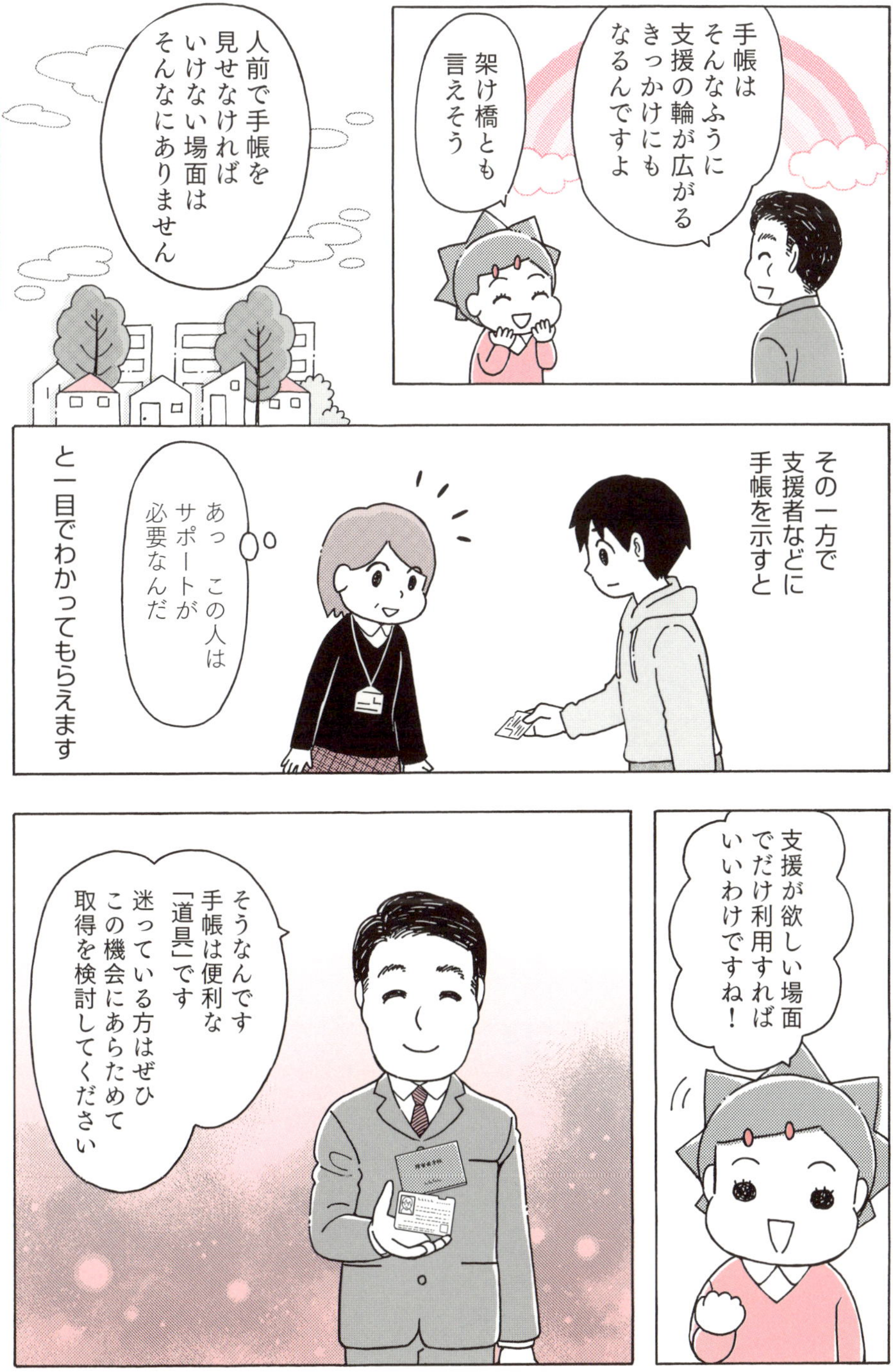
手帳は そんなふうに 支援の輪が広がる きっかけにも なるんですよ
架け橋とも 言えそう
人前で手帳を 見せなければ いけない場面は そんなにありません
その一方で 支援者などに 手帳を示すと
あっ この人は サポートが 必要なんだ
と一目でわかってもらえます
支援が欲しい場面 でだけ利用すれば いいわけですね！
そうなんです 手帳は便利な 「道具」です 迷っている方はぜひ この機会にあらためて 取得を検討してください

どんな制度か①

障害者手帳ってなに？

障害者手帳は次のページに掲載した表のように3種類ありますが、どれも略して「手帳」と呼ばれるものでありながら、よって立つ根拠はそれぞれ異なります。

身体障害者手帳と精神障害者保健福祉手帳は、「法律」に基づいて創設された制度なので、名称、申請などの手続き、等級の区分などは日本全国共通です。

これに対し療育手帳は、国が示した「通知」（ガイドラインと言い換えることもできます）に基づき、各都道府県や政令指定都市それぞれの判断で実施要項を定めて運営している制度です。このため療育手帳は、自治体によってその名称、等級の区分、判定基準などに微妙な差がみられるのが現状です。

たとえば埼玉県では、発症が18歳未満、知能指数（ＩＱ）がおおむね70以下で日常生活上の支障がある人が療育手帳の対象とされています。これに対し東京都では、ＩＱだけを見ると75以下で対象となりますが、年齢により異なる基準で判定することになっているようです。

「障害者手帳」3種類のあらまし

	身体障害者手帳	療育手帳	精神障害者保健福祉手帳
根拠	身体障害者福祉法	昭和48年厚生事務次官通知「療育手帳制度について」	精神保健及び精神障害者福祉に関する法律
交付主体	●都道府県知事 ●政令定都市の市長 ●中核市の市長	●都道府県知事 ●政令指定都市の市長 ●児童相談所を設置する中核市の市長	●都道府県知事 ●政令指定都市の市長
対象	●視覚障害 ●聴覚・平衡機能障害 ●音声・言語・咀嚼《そしゃく》障害 ●肢体不自由 ●心臓機能障害 ●腎臓機能障害 ●呼吸機能障害 ●膀胱《ぼうこう》・直腸機能障害 ●小腸機能障害 ●HIV免疫機能障害 ●肝機能障害	●知的障害	●統合失調症 ●気分（感情）障害 ●非定型精神病 ●てんかん ●中毒精神病 ●器質性精神障害（高次脳機能障害を含む） ●発達障害 ●その他の精神疾患
	約484万人が所持	約125万人が所持	約135万人が所持

＊所持者数は2022年度のもの

どんな制度か②

身体障害者手帳、療育手帳ってなに?

身体、知的、精神の障害の程度は、大まかには「重度」「中度」「軽度」の3段階にわけられ、さらにその下に細かい等級の区分が定められています。

なかでも療育手帳は自治体ごとに細部に違いがあるのが特徴です。まず、自治体ごとにさまざまな呼び方があります。多くの地域では「療育手帳」と呼ばれていますが、「愛の手帳」(東京都、横浜市)、「愛護手帳」(青森県、名古屋市)など、いろいろな名称があります。

等級の区分も多様です。厚生労働省は知的障害の程度について、重度の場合は「A」、それ以外の場合は「B」と表示するよう定めていますが、同時に「中度等の他の区分を定めることもさしつかえない」としているため、「A1」「1度」などさまざまな記号を使って等級の区分が行われています(引用は厚生労働省が各都道府県知事などに宛てて出した「療育手帳制度の実施について」によります)。

「身体障害者手帳」「療育手帳」とは

	身体障害者手帳	療育手帳
等級	**重度**　1・2級	**重度**　A1・A2・1度・2度など
	中度　3・4級	**中度**　B1・3度など
	軽度　5・6級	**軽度**　B2・4度　など
申請と判定	●おおむね3歳以上（本人の年齢）が審査対象ですが、障害の存在が明確な場合はこの限りではありません ●知的障害、加齢、老年性の認知症に起因する障害では認定されない場合があります ●申請書、診断書・意見書*、本人の写真を用意し福祉事務所か市役所で申請後、身体障害者更生相談所などで審査が行われます	●市町村の役所を通じて申請します。18歳未満の場合は児童相談所で、18歳以上の場合は知的障害者更生相談所で検査やヒアリングが行われ、審査・等級判定がなされます ●必要な書類は、自治体によっても、本人の年齢によっても異なるので、まず役所の担当課に電話で問い合わせましょう
交付後	●原則、更新は不要です。ただし重度化や軽減などの変化が予想される場合は、一定期間後に再判定が行われることもあります	●本人の年齢により2～10年ごとに再判定が行われます（年齢や児童相談所の判断などで縮減・延長・再判定不要とされることもあります）

＊身体障害者手帳の申請に必要な診断書・意見書は、身体障害者福祉法第15条の指定を受けた医師（15条指定医）作成のものでなければいけません

どんな制度か③

精神障害者保健福祉手帳ってなに？

精神疾患・発達障害がある人を対象としているのが、精神障害者保健福祉手帳の制度です。取得するには、書類をそろえて申請し、認定される必要があります。

認定にあたっては、①精神疾患の状態とともに、②本人が日常生活でどれくらい制限を受けているか（たとえば、仕事ができるか、食事や入浴などが自発的にできるか）が確認され、①②の両面から総合的に等級が判定されます。

申請は本人が行いますが、家族や支援者（医療機関等の職員など）が申請手続きを代行しても差し支えなく、かつ委任状も不要とされています。

なお、抱えている精神疾患・発達障害について、本人が初めて医師の診察を受けた日から6ヵ月が経過していないと申請できないので注意してください。傷病は時間の経過とともに軽快することがあるので、一定期間おくように定められているのです。

自治体により、本人確認書類やマイナンバーを確認できる書類が必要な場合もあります。

精神障害者保健福祉手帳の等級

程度	重度	中度	軽度
障害等級	1級	2級	3級
基準	精神障害があり、日常生活に必要なことができない	精神障害があり、援助がないと日常生活に必要なことができない	精神障害があり、日常生活に必要なことはおおむねできるが、援助は必要
	約13.4万人に交付	約78.7万人に交付	約42.4万人に交付

＊交付者数は2022年度のもの

申請に必要なおもな書類

- **申請書**➡54ページ参照
- **診断書**➡56ページ参照

  精神障害を理由に障害年金を受給している場合はその証書などの写しでもよい。
- **本人の写真**

2種類の異なる手帳を持つことはできるか

たとえば発達障害と知的障害の両方を抱えている人は、精神障害者保健福祉手帳と療育手帳、どちらも交付される可能性があります。申請や更新にかかる手間は倍になりますが、自治体や事業者（交通機関の運営会社など）によっては手帳の種類により使えるサービスが異なる場合もあるので、役立つことはあるかもしれません。

次ページにつづく

精神障害者保健福祉手帳の申請のプロセス

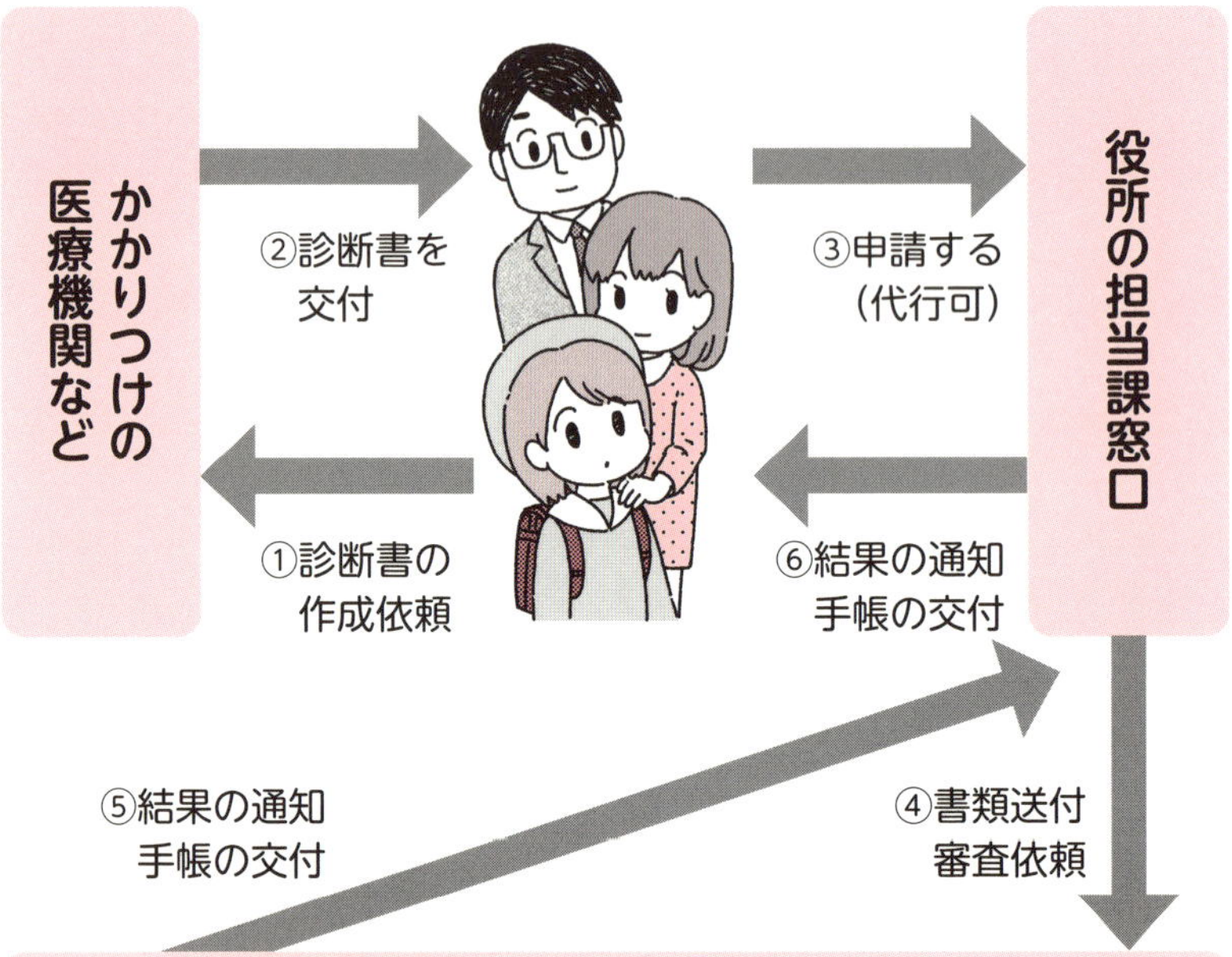
かかりつけの医療機関など
②診断書を交付
①診断書の作成依頼
③申請する（代行可）
⑥結果の通知 手帳の交付
役所の担当課窓口
⑤結果の通知 手帳の交付
④書類送付 審査依頼

都道府県または政令指定都市の

精神保健福祉センター

書類をもとに４ステップで判定が行われる

❶精神疾患・発達障害の存在の確認
本人の病歴が確認される

❷機能障害の状態の確認
過去および将来２年間障害が継続しそうか見る

❸能力障害（活動制限）の状態の確認
日常生活にどれくらい不便があるかを見る

❹精神障害の程度の総合判定
数値以外の記述内容を考慮して判定

障害年金との関わり

そもそも障害者手帳と障害年金（第6〜7章参照）はまったく別の制度です。どちらかを取得すれば、自動的に他方がついてくるわけではありません。この点は要注意ですが、もうひとつ気をつけておきたいことがあります。

精神障害者保健福祉手帳は、障害年金の年金証書でも申請できます。障害年金にも等級がありますが、私の経験では障害年金のほうがより慎重に等級判定が行われ、軽い等級が出やすい傾向にあります。

障害年金の証書で手帳を申請すると、必ずと言っていいほど障害年金と同じ等級の手帳が交付されます。たとえば障害厚生年金3級の証書で申請すると、判定は精神障害者保健福祉手帳3級になりますが、自治体によっては、手帳3級だと、利用可能な経済的支援が手帳2級のときよりも減ってしまう場合があります。

このため、精神障害者保健福祉手帳と障害年金は、それぞれ別々に申請したほうがいいこともあるのです。

申請の実務①

申請書はどう用意する？

申請書は、住んでいる自治体の役所の担当課窓口で入手できます（インターネットで書式をダウンロードできるようにしている自治体もあります）。担当課は「障害福祉課」「ふくし支援課」など自治体により名称が異なるので、事前に調べておくとスムーズです。

申請にあたっては、ひとつ知っておくとよいポイントがあります。

読者のなかには、すでに子どもが精神科に外来通院していて、自立支援医療（第8章参照）を利用している方がいるかもしれません。精神障害者保健福祉手帳と自立支援医療は、どちらも有効期限があり（精神障害者保健福祉手帳は2年、自立支援医療は1年）、更新には医師の診断書の提出が必要です。

これから手帳を申請するなら、自立支援医療の受給者証の有効期限がまだ先でも、手帳の申請と同時に申請しなおすことをおすすめします。そうすると、以後は2年ごとに1枚の診断書で手帳と自立支援医療の両方を同時に更新できるので、手間が省けます。

申請書の一例（横浜市のもの）

年　月　日

精神障害者保健福祉手帳　申請書

写真貼付欄
※1

横浜市長

申請者　　本人との関係（　　）

住所

電話番号

私は、精神保健及び精神障害者福祉に関する法律第45条に基づく精神障害者保健福祉手帳の

【☐新規交付　☐更新　☐再承認　☐障害等級変更　☐転入届　☐記載事項変更
☐再交付（☐紛失　☐汚損　☐様式変更　☐その他）】について、申請します。

↑該当する手続きにチェック（☑）をしてください。

対象者	個人番号 ※2	－　　　　－		
	フリガナ 氏名		生年月日	
	住所	〒 【該当する場合は○をしてください】　グループホーム・入院中・施設入所中		
	手帳番号	（再交付の場合は記入）		
保護者等（対象者が18歳未満の場合は記入）	氏名		続柄	
	住所	電話番号：		

添付書類　該当する項目いずれか1つにチェック（☑）をしてください。

☐診断書　☐障害年金の年金証書等の写し（※3）　☐特別障害給付金受給資格者証等の写し（※3）　☐前自治体で交付された手帳の写し

送付先 ※4	氏名	
	本人との関係	
	住所	

ご希望の手帳様式 ☐紙様式　☐カード様式	希望する手帳の様式に☑をしてください。 ※新規及び市外転入申請で☑がない場合は、紙様式となります。更新、再承認、等級変更及び再交付申請で☑がない場合は、既に交付している手帳の様式となります。
手帳の印刷　☐希望します	手帳の印刷を希望される方は☑をしてください。 ※新規、等級変更、市外転入及び再交付申請の場合は、☑しなくても構いません。 ※手帳の更新欄が埋まっている方は、必ず☑をしてください。
☐ 自立支援医療を同時に申請します。 （精神通院医療）	別途、自立支援医療（精神通院医療）の申請書を提出してください。

（注意）※1　写真（縦4cm×横3cm）は、脱帽して上半身を写したもので、1年以内に撮影したものを提出してください。写真の提出については、記載例をご確認ください。
※2　再交付のみの申請の場合は、本人確認書類の提示により記載を省略できます。
※3　年金証書等の写し又は特別障害給付金受給資格者証等の写しによる申請の場合は、障害年金の給付を現に受けていること、障害等級、障害の種類その他市長が必要と認める事項を確認するため、年金事務所等に照会することについての同意書を添付してください。
※4　手帳交付の通知について、対象者住所以外への送付を希望する場合は、「送付先」の欄にご記載ください。

申請の実務②

医師の診断書はどう用意する？

精神障害者保健福祉手帳の申請のための診断書を作成するのは、精神保健指定医を中心とする精神科医と定められています。精神保健指定医とは、精神保健福祉法に定められた一定の診療経験があり、所定の研修を受講して厚生労働省の指定を受けた医師のことです。

ただし、実際に本人の治療にあたっている医師であれば、高次脳機能障害については神経内科医や脳神経外科医などが、そして「てんかん」については小児科医や内科医などが診断書を書くことも認められています。

作成にかかる費用や要する時間は、医療機関によって異なります。

診断書は提出前にぜひ見ておこう

診断書は封緘《ふうかん》された状態で患者・家族に渡されることもありますが、私は封を切って読んでみることをおすすめしています。

精神科医は、診断名を本人や家族にはっきりとは伝えない場合もあります。当事者の心情に配慮してのことかもしれませんが、診断名の把握は、障害を受容し、自己を理解するうえで大切なステップとなります。手帳を取得すると決めたのであれば、この機会にきちんと病状を把握しておくのは意義深いことです。

「開封すると診断書が無効になるのでは？」と心配する方もいますが、そんなルールはありません。封筒は処分して、中身の文書だけを提出しても診断書は有効です。

コピーを取って備えにしよう

診断書は複写して、コピーを手元で保管しておくことをおすすめします。

手帳を取得したあとも、同じ診断書が必要になる機会が必ず訪れます。たとえば、精神障害者保健福祉手帳の更新のときや、手帳を紛失あるいは汚損したときがそうです。

また、何らかの事情（引っ越しや、医師の高齢化や災害による閉院など）で主治医が替わる場合もあるでしょう。そんなとき、以前の診断書のコピーは、新しい診断書を作成する医師にとって貴重な資料となります。当事者が自ら提供できるよう、写しを保管しておいてほしいのです。

次ページにつづく

医師の診断書：表面（厚生労働省が公開している記入例）

記入例１

診断書（精神障害者保健福祉手帳用）

氏　名	○山　○男	明治・大正・昭和・平成・令和 44 年 1 月 11 日生（ 41 歳）
住　所	○○県○○市○○町１－１	
① 病名 ICDコードは、右の病名と対応するF00～F99、G40のいずれかを記載）	(1) 主たる精神障害　統合失調症　ICDコード（ F20.1 ） (2) 従たる精神障害　　ICDコード（　　） (3) 身体合併症　　身体障害者手帳（有・無、種別　　級）	
② 初診年月日	主たる精神障害の初診年月日　昭和・平成・令和　63 年 10 月 20 日 診断書作成医療機関の初診年月日　昭和・平成・令和　2 年 12 月 10 日	
③ 発病から現在までの病歴及び治療の経過、内容（推定発病年月、発病状況、初発症状、治療の経過、治療内容などを記載する）	（推定発病時期　63 年 4 月頃） 高校を卒業後、東京都内の大学に進学。昭和63年、新学期が始まる頃から、住んでいた学生寮の窓の外から自分を呼ぶ声が聞こえると言って、窓から飛び降り、街中をさまようなどした。授業中にも突然大声で叫び出すなど奇異な言動がみられ、同年10月20日大学教官の勧めで○○大学精神科を受診し、そのまま3ヶ月ほど入院。その後も幻覚妄想状態が続くため、退学して帰郷し、平成2年当院初診。その後、症状軽快して、平成7年結婚するも、翌年離婚。その後3回ほど入退院を繰り返す。平成15年以降は外来通院をしながら、週2回当院デイケアに通っている。就労経験はほとんどなく、就労継続支援事業（Ｂ型）も１ヶ月程通所したものの、人間関係のつまずきから自ら利用中断。現在、独居生活。 ＊器質性精神障害（認知症を除く）の場合、発症の原因となった疾患名とその発症日 （疾患名　　、　　年　月　日）	

④ 現在の病状、状態像等（該当する項目を○で囲む）

(1) 抑うつ状態
　1 思考・運動抑制　2 易刺激性、興奮　3 憂うつ気分　4 その他（　　）

(2) 躁状態
　1 行為心迫　2 多弁　3 感情高揚・易刺激性　4 その他（　　）

(3) 幻覚妄想状態
　1 幻覚　2 妄想　3 その他（　　）

(4) 精神運動興奮及び昏迷の状態
　1 興奮　2 昏迷　3 拒絶　4 その他（　　）

(5) 統合失調症等残遺状態
　1 自閉　2 感情平板化　3 意欲の減退　4 その他（　　）

(6) 情動及び行動の障害
　1 爆発性　2 暴力・衝動行為　3 多動　4 食行動の異常　5 チック・汚言　6 その他（　　）

(7) 不安及び不穏
　1 強度の不安・恐怖感　2 強迫体験　3 心的外傷に関連する症状　4 解離・転換症状
　5 その他（　　）

(8) てんかん発作等（けいれんおよび意識障害）
　1 てんかん発作　発作型（　　）　頻度（　　）　最終発作（　年　月　日）
　2 意識障害　3 その他（　　）

(9) 精神作用物質の乱用及び依存等
　1 アルコール　2 覚醒剤　3 有機溶剤　4 その他（　　）
　ア 乱用　イ 依存　ウ 残遺性・遅発性精神病性障害（状態像を該当項目に再掲すること）
　エ その他（　　）
　現在の精神作用物質の使用　有・無（不使用の場合、その期間　　年　月 から）

(10) 知能・記憶・学習・注意の障害
　1 知的障害（精神遅滞）　ア 軽度　イ 中等度　ウ 重度　療育手帳（有・無、等級等　　）
　2 認知症　3 その他の記憶障害（　　）
　4 学習の困難　ア 読み　イ 書き　ウ 算数　エ その他（　　）
　5 遂行機能障害　6 注意障害　7 その他（　　）

(11) 広汎性発達障害関連症状
　1 相互的な社会関係の質的障害　2 コミュニケーションのパターンにおける質的障害
　3 限定した常同的で反復的な関心と活動　4 その他（　　）

(12) その他（　　）

診断名は国際的な疾病分類基準（ICD-10）に基づき記入されます

ポイントは裏面の「日常生活能力の判定」

「日常生活能力の判定」８項目は、本人が家族と同居中でも、単身生活を想定し自発的にできるか否かを考慮して書くことになっています（子どもについては年齢相応の能力と比較）。この項目は点数化され判定に大きく影響するのでとても重要です。

医師の診断書：裏面（厚生労働省が公開している記入例）

⑤　④の病状・状態像等の具体的程度、症状、検査所見　等

言動にまとまりを欠き、ときとして思考も混乱し困惑していることがある。5年ほど前までは、「天井の裏側から、自分の名前を呼ぶ女性の声がして、いろいろと指図してくる」などの異常体験を訴え、混乱した行動をおこなうことも時々あったが、最近は異常体験に左右された行動に及ぶことは殆どない。幻聴・被害関係妄想は現在も時々認める。地域活動支援センターを利用しているが、他者とのつきあいをあまりせず、一人での無為に過ごすことが多いため、働きかけが必要。感情の平板化も目立ち、日中のグループ活動中も茫然とすごすことが多い。

［検査所見：検査名、検査結果、検査時期］

⑥　生活能力の状態　（保護的環境ではない場合を想定して判断する。児童では年齢相応の能力と比較の上で判断する）

1　現在の生活環境
　　入院・入所（施設名　　　　　）・在宅（ア　単身・イ　家族等と同居）・その他（　　　　）

2　日常生活能力の判定（該当するもの一つを○で囲む）

（1）適切な食事摂取
　　自発的にできる　・　自発的にできるが援助が必要　・　援助があればできる　・　できない

（2）身辺の清潔保持、規則正しい生活
　　自発的にできる　・　自発的にできるが援助が必要　・　援助があればできる　・　できない

（3）金銭管理と買物
　　適切にできる　・　おおむねできるが援助が必要　・　援助があればできる　・　できない

（4）通院と服薬（要・不要）
　　適切にできる　・　おおむねできるが援助が必要　・　援助があればできる　・　できない

（5）他人との意思伝達・対人関係
　　適切にできる　・　おおむねできるが援助が必要　・　援助があればできる　・　できない

（6）身辺の安全保持・危機対応
　　適切にできる　・　おおむねできるが援助が必要　・　援助があればできる　・　できない

（7）社会的手続や公共施設の利用
　　適切にできる　・　おおむねできるが援助が必要　・　援助があればできる　・　できない

（8）趣味・娯楽への関心、文化的社会的活動への参加
　　適切にできる　・　おおむねできるが援助が必要　・　援助があればできる　・　できない

ここの8項目がとくに重要です（前ページのコラムを参照）

3　日常生活能力の程度
　（該当する番号を選んで、どれか一つを○で囲む）
　(1)　精神障害を認めるが、日常生活及び社会生活は普通にできる。
　(2)　精神障害を認め、日常生活又は社会生活に一定の制限を受ける。
　(3)　精神障害を認め、日常生活に著しい制限を受けており、時に応じて援助を必要とする。
　(4)　精神障害を認め、日常生活に著しい制限を受けており、常時援助を必要とする。
　(5)　精神障害を認め、身の回りのことはほとんどできない。

⑦　⑥の具体的程度、状態等

日常生活は、かろうじて独居生活が可能な状況。身辺清潔は指導により何とか保たれている。食事は自炊せず、主として近くのコンビニで弁当やパンを買っている。就労支援事業所への参加は、一時期利用したときの人間関係のもつれからか、参加しようとはされない。2年前から地域活動支援センターを利用するようになった。現在、当院デイケアを週2回利用しながら、地域活動支援センターの行事にもときどき参加している。社会生活上は大きなトラブルもなく経過している。

⑧　現在の障害福祉等のサービスの利用状況
（障害者の日常生活及び社会生活を総合的に支援するための法律（平成17年法律第123号）に規定する自立訓練（生活訓練）、共同生活援助（グループホーム）、居宅介護（ホームヘルプ）、その他の障害福祉サービス、訪問指導、生活保護の有無等）

地域活動支援センターに週１回通所し、スポーツ（バレーボール等）、軽作業（部品組み立て等）の活動に参加している。

⑨　備考

備考欄は付箋を貼って書き足してもよいとされています

上記のとおり、診断します。　　　　令和○○年○月○日

医療機関の名称　　○○ 病院
医療機関所在地　　○○県○○市○○町２－２
電話番号　　○○○－○○○－○○○○
診療担当科名　　精神科
医師氏名（自署又は記名捺印）　　精神保健指定医　○木　○美

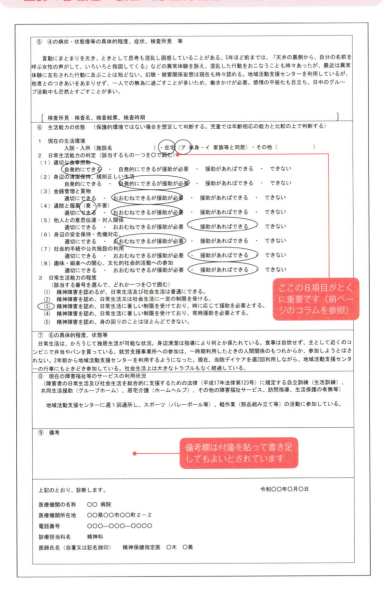

交付後の注意点

手帳をもらったあとはどうなる?

精神障害者保健福祉手帳は、自動車運転免許証のように自宅に更新のお知らせがとどくわけではありません。手帳に記載された有効期限に注意して、余裕を持って更新手続きを始めるようにしましょう。

以下に、更新、引っ越しの際に必要な書類や、手続きの概要を書きますが、自治体により違いがあるので、事前に電話で確認してから着手することをおすすめします。

更新手続きのあらまし

精神障害者保健福祉手帳は原則として2年ごとに更新が必要です。たいていの自治体では、初めて申請したときと同じ書類(①申請書、②診断書または障害年金証書など、③顔写真)に「現在持っている手帳のコピー」をそえて役所の窓口で更新申請を行います。

更新の申請は手帳の有効期限が切れる3ヵ月前から行うことができますが、手続きをしてから結果が出るまで2ヵ月〜2ヵ月半かかるとされています。

等級の変更をしたいときは

精神障害には波があると書きましたが、障害の状態が悪化（または軽快）した場合は、手帳の有効期限前であっても障害等級の変更申請が可能です。

手帳更新のときと同じ書類（①申請書、②診断書または障害年金証書など、③顔写真、④現在の手帳のコピー）を用意して窓口で手続きをしてください。変更後の手帳の有効期限は、変更決定の日から2年間です。

引っ越した場合

現在お住まいの自治体のなかで住所が変更になる場合は、「記載事項変更届」に記入して、手帳とともに役所の窓口に提出し、変更事項を記入してもらいます。

自治体をまたいで住所が変更になる場合は、「記載事項変更届」と現在の手帳に加え、新たに申請書と写真の提出が求められる自治体もあるようです。

その他、手帳に関して知っておきたいこと

- 通知された障害等級に不満がある場合は、3ヵ月以内であれば不服申し立てが可能です。
- 汚損・破損・紛失した場合は、「再交付申請書」に写真を添えて窓口で再交付を申し込むことができます（汚損・破損の場合は、傷んだ手帳も持参しましょう）。
- 更新をうっかり忘れて有効期限が切れてしまった場合も、2年以内であれば更新の申請ができます。

第3章

障害者手帳による減免

手帳によって受けられる減額と免除

第2章で述べた通り障害者手帳を取得してもお金がもらえるわけではありません
しかし家計からの支出を減らすことはできます
小さく
交通費とかが安くなるって聞いたことがありますよ
よくご存じですね
それしか知らなくて
それも含めて全体をざっくりまとめると
障害者手帳によって次の支払いが減免（割引または免除）になることがあります

障害者手帳で減免される支払い
①交通機関の運賃
鉄道、バス、飛行機、旅客船など
②施設利用料
博物館、美術館、映画館、テーマパークなど
③通信費など
NHKの受信料、携帯電話の料金など
NHK
④税金
所得税・住民税の控除、自動車税、相続税などの減免
お得！ずいぶんたくさんありますね！
そう見えるでしょう？でも①〜③は交通や通信などのサービスを提供する各事業者が行っているものなので事業者ごとに適用の条件や割引率がだいぶ違うんですよ
＊事業者とは、各企業や、都道府県・市町村の交通局などのこと

したがって実は手帳があればどこでも誰でも割引されるわけではありません
すみません私どものほうでは割引はございません
えっ
とはいえ意義深い制度ではあります
障害を抱えた人は一般に経済的な弱者になりやすく行動範囲も狭くなりがちです
引きこもりになる人もいるそうですね
そうなんですよ
十分ではないかもしれませんが――
無料になるから行ってみない？
発達障害で手帳を取得
不登校気味の生徒
美術
わー！すごい

本書で紹介する所得控除

- **障害者控除**
- **基礎控除**
- **扶養控除**
- **医療費控除**

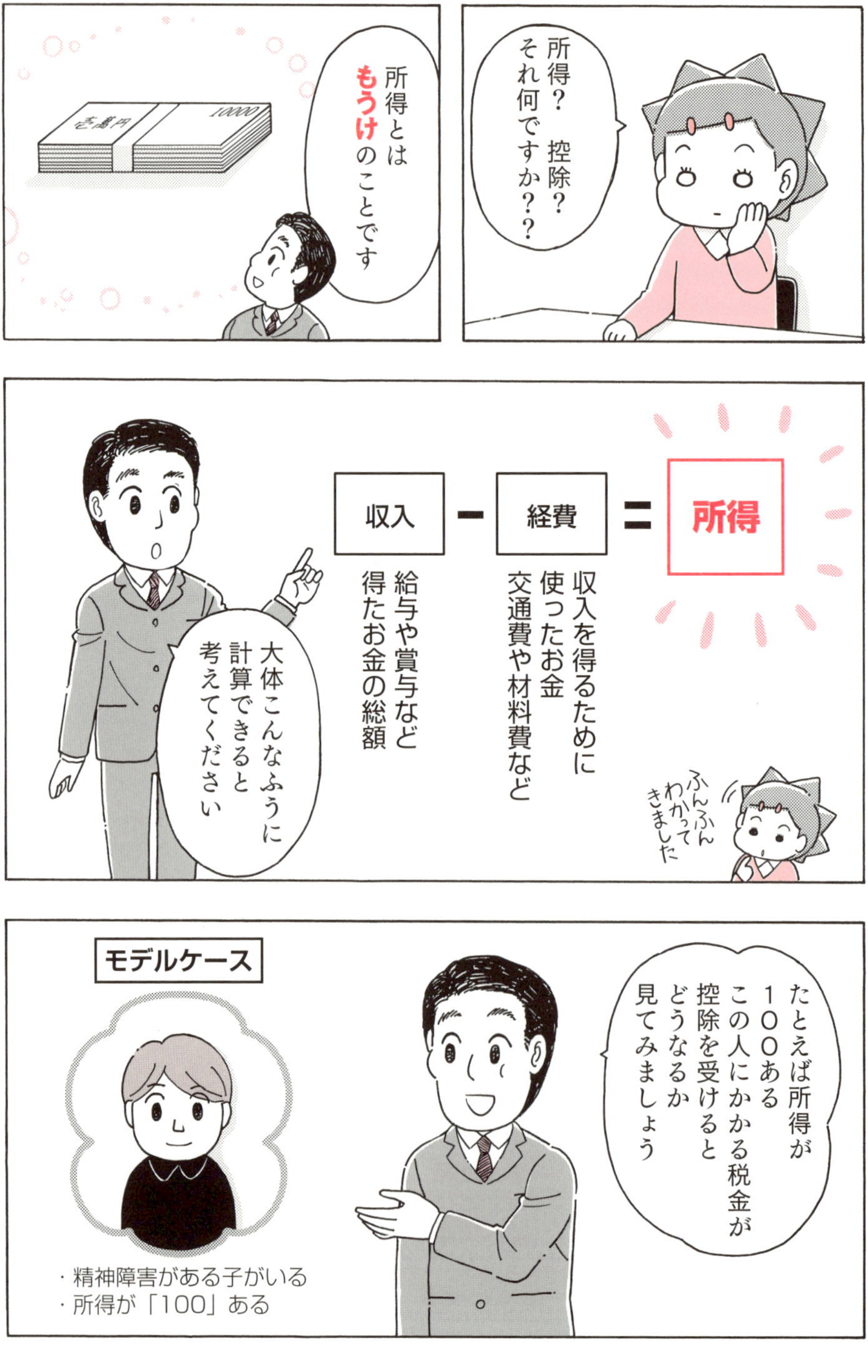
所得？　控除？
それ何ですか？？
所得とは
もうけのことです
収入
−
経費
=
所得
給与や賞与など得たお金の総額
収入を得るために使ったお金
交通費や材料費など
大体こんなふうに計算できると考えてください
ふんふん
わかってきました
たとえば所得が100ある
この人にかかる税金が
控除を受けると
どうなるか
見てみましょう
モデルケース
・精神障害がある子がいる
・所得が「100」ある

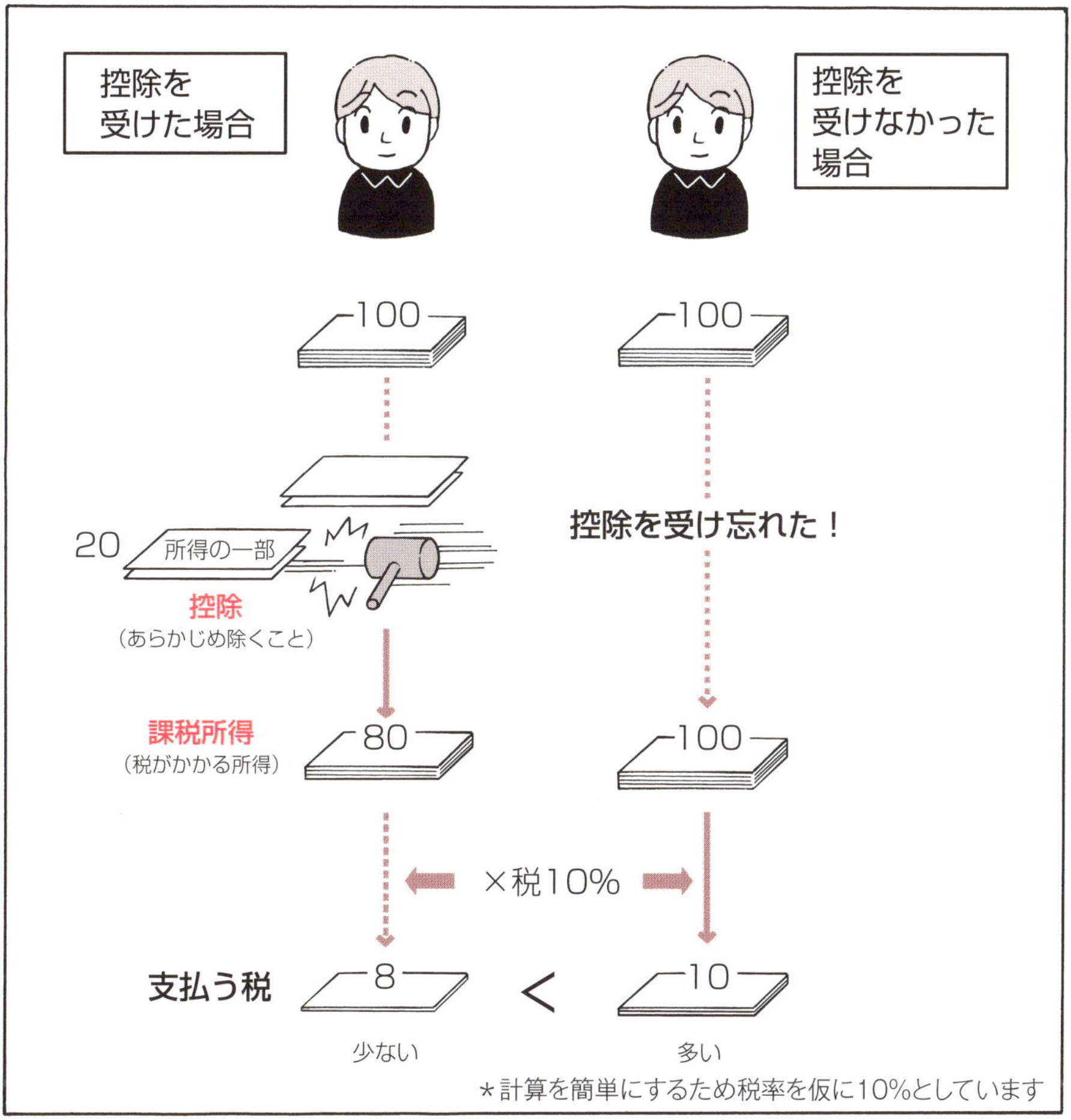
控除を受けた場合
控除を受けなかった場合
100
100
20
所得の一部
控除
（あらかじめ除くこと）
控除を受け忘れた！
課税所得
（税がかかる所得）
80
100
×税10%
支払う税
8
<
10
少ない
多い
＊計算を簡単にするため税率を仮に10%としています

控除によって「もうけ」が実際より少なかったことになるから税が安くなるんだ！
そうです！だから忘れずに申告してください

手帳による減免①

どんな費用が減額・免除になる？

マンガでもふれた通り、減免のルールは事業者ごとに異なります。おおまかなところを次ページの表にまとめました。おそらく読者は鉄道やバスの割引が気になるでしょう。事業主体によって、おおむね次のような傾向があります。

公営の鉄道・バス　（例）東京都の都営地下鉄や都営バス、名古屋市の市営地下鉄など

公営の交通機関の多くは、手帳があれば半額か無料になります。改札口などで手帳を提示して利用する場合もあれば、事前に乗車証やパスの取得が必要な自治体もあります。

民営の鉄道・バス　（例）JR各社や東京メトロ、近鉄、南海、西鉄ほかの私鉄など

JRは独自の障害区分に基づいて身体障害、知的障害がある人への割引を行っており、2025年4月1日から精神障害者保健福祉手帳を持つ人への割引制度も導入すると発表しています。また、福岡県の西鉄グループや千葉県の京成電鉄の割引制度が充実しており、他の各社も割引サービスの導入・拡大を進めています。

手帳によって減免される支払いとその内容

交通運賃	近年、私鉄各社が精神障害者保健福祉手帳を持つ人への割引制度の開始・充実を進めています。京王、東急、近鉄、南海はすでに2023年から始めており、東京メトロも2024年８月から「精神障がい者割引制度」を導入しました。東武、西武、小田急、相鉄などの各線も2025年から割引制度を導入すると表明しています
	航空会社では、ANA、JALなど各社が国内線の障害者割引を行っています。船舶では観光船、フェリー、水上バスなど多くの事業者が割引を行っています
施設利用料	東京ディズニーリゾート、ユニバーサル・スタジオ・ジャパン、国立新美術館、東京国立博物館など減免を実施している施設は多数あり、TOHOシネマズなど映画館でも割引が行われています。ただし、公営の施設だからといって必ず減免の制度があるとは限りません
NHK受信料	世帯に障害者手帳を持つ人がいて、かつ世帯全員が市町村民税非課税の場合は全額免除です。世帯主が重度の障害者（精神障害者保健福祉手帳では１級）で、かつ受信契約者の場合は半額免除になります
携帯電話料金	ａｕ「スマイルハート割引」、NTTドコモ「ハーティ割引」、ソフトバンク「ハートフレンド割引」など、大手キャリアは手帳所持者に割引を行っていますが、プランが複雑なので利用にあたっては問い合わせが欠かせません
その他	事前に登録しておけばNTTが提供する無料の電話番号案内「ふれあい案内」を利用できます
	ガソリン代の助成や、タクシー券の交付を行っている自治体もあります
	収入が少なく住む場所に困っている場合は、公営住宅への入居が有利になります
	障害者控除（74ページ参照）が受けられるほか、申請すれば障害等級により自動車税、自動車取得税、相続税、贈与税などが減免されます

手帳による減免②

サービスの情報はどこで手に入る？

障害者割引に関する情報を入手するのは簡単ではありません。現地に行っても、改札や窓口でいちいち手帳を見せるのは手間ですし、人前で手帳を開示することに心理的負担を感じる人もいます。

こういった負担を減らすために、いろいろな取り組みが行われています。手帳取得者に交付される福祉乗車証をICカード化し、手帳を提示しなくても済むようにしている自治体も出てきています。そのようななか、注目されているのが次ページの「ミライロID」で、ユーザーが急速に増えているようです。

割引情報を無料公開しているウェブサイトも役に立つでしょう。ただし、どのサイトも個別の情報についてはユーザーからの情報提供に頼っているのが現状のようです。最新の状況が反映されているかどうかはわかりませんので、「手がかり」とするにとどめるか、正確な情報が知りたければ事業者に電話で問い合わせたほうが確実です。

スマホ時代の新サービス

ミライロID

あらかじめ障害者手帳を登録して使う「デジタル障害者手帳」アプリ。導入済みの事業者であれば、手帳の実物がなくても、スマホ画面を提示するだけで減免などのサービスが受けられます。

2024年7月時点で全国4029の事業者で使用でき、障害者割引が適用されたオンラインチケットも購入できるなど、関連するサービスも提供しています

支払いの減免について調べる手がかり

障害者手帳で行こう！　～全国版～

一般社団法人シシンが運営・制作しているサイト。情報が都道府県別に分類され、参照しやすくなっています。

障害者手帳があると割引（または無料）になる公共施設、交通機関、映画館、レジャー施設などの情報がまとめられています

みんなねっと

サイトを運営している公益社団法人全国精神保健福祉会連合会は、精神障害がある人の家族会で、家族、市民、専門職など約１万人の賛助会員から構成されている団体です。

「調査・研究」のコーナーで各都道府県のバス、鉄道の運賃割引等の実施状況を一覧表にして掲載しています。また「施策のうごき」のコーナーでは、鉄道各社の割引制度の最近の動向を集約したリンクの一覧表が掲載されており参考になります

手帳による減免③

障害者手帳で税はいくら安くなる？

所得（1年間で得たもうけ）からあらかじめ一定額を差し引き、残った額に課税することで税を安く抑えるのが「所得控除」です。10以上ある所得控除のなかから、読者に必ず押さえておいてほしい4つを左ページに紹介しました。

ここで紹介する各種控除の特徴は「生計を一にする世帯」に適用されるという点にあります。すなわち、家計が一緒であれば、子どもと別居していても納税している親は控除を受けられるのです。

したがって、障害者手帳を持つ子がいる世帯では、家計が同じなら、多くの親は障害者控除を受けられるはずです。

76ページで紹介する医療費控除も見逃せません。高額療養費（第8章参照）との併用も可能なので、年間の医療費が高額になりがちな家族は、ぜひ利用を検討してください。

各種所得控除の概要

「生計を一にする世帯」とは

下のイラストは、一人暮らしの未成年の子を仕送りで支えている家族の例です。別の場所に住んでいますが、「納税者である父親の稼ぎ」という、同一の収入で生計を立てているので、「生計は一」とみなされます。そして納税者（この場合は父のみ）は、以下の４つの控除を受けられます。

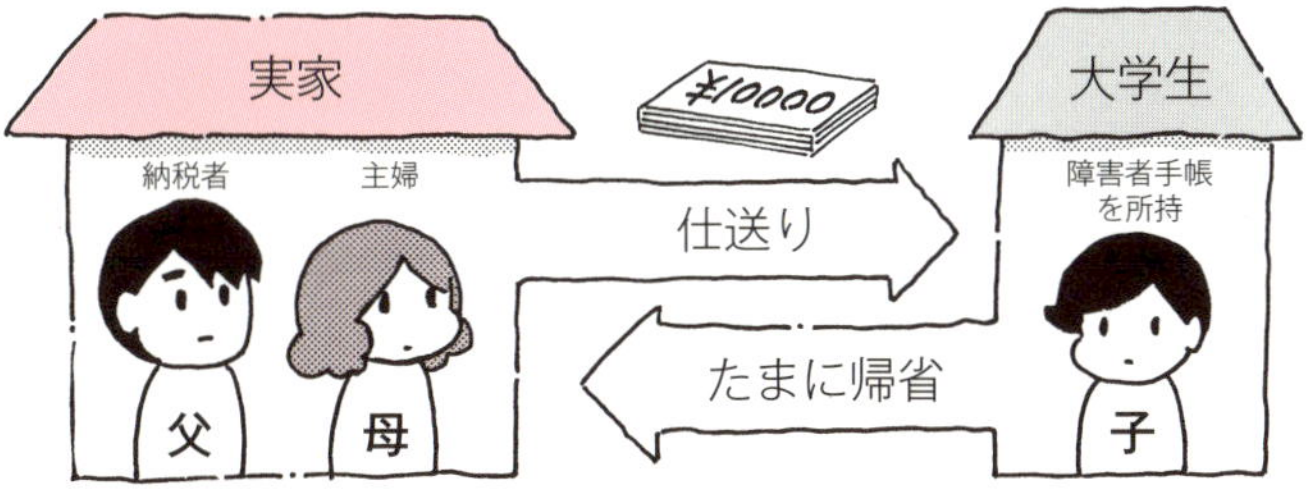

所得控除の内容

名称 適用になる場合や対象	区分	控除される額	
		所得税	住民税
障害者控除 障害者手帳を持つ納税者、または手帳を持つ人を扶養する納税者	障害者 特別障害者＊ 同居特別障害者	27万円 40万円 75万円	26万円 30万円 53万円
基礎控除 納税者の所得の合計によって控除の額が決まる	納税者本人の合計所得金額が2400万円以下の場合	48万円	43万円
扶養控除 対象となる扶養家族がいる納税者	16歳以上　19歳未満	38万円	33万円
	19歳以上　23歳未満	63万円	45万円
	23歳以上　70歳未満	38万円	33万円
医療費控除 一定額を超える医療費を払った世帯		一定の式で計算する（次ページ参照）	

＊特別障害者とは、精神障害者保健福祉手帳でいえば1級の人です。2級、3級の人は「障害者」に区分されます

次ページにつづく

医療費控除とは

制度の概要

自分または生計を一にする家族・親族のために支払った年間の医療費が一定額を超えた場合、下の計算式をもとに算出された金額の所得控除を受けられる制度です。診察費、治療代、薬代のほか、病院までの交通費、医療用器具の購入費なども対象です（対象外の費用もあります。下の囲みを参照）。

控除を受けるには

医療費の領収書などをもとに確定申告書を作成し、期間内に所轄の税務署に提出します。確定申告の必要がない会社員もこの手続きを行わなければ控除を受けられません。

必ず記入するのは確定申告書の「第一表」「第二表」と「医療費控除の明細書」です。書式はインターネット上からダウンロードできます。また、e-Tax（国税電子申告・納税システム）での申告も可能です。

医療費控除の計算式

1年のうちに支払った医療費の合計	−	保険金などで補填される金額	−	10万円または所得の5％（どちらか少ないほう）	＝	医療費控除で控除される額（最高200万円）

原則として医療費控除の対象にならない費用の一例

- ●健康診断、人間ドックなどの治療を目的としない費用
- ●インフルエンザの予防接種料
- ●美容整形手術の代金、美容目的の歯列矯正費用
- ●近視、遠視のために買った眼鏡代
- ●通院のためのタクシー代、自家用車のガソリン代

第4章

国や自治体から支給される手当

本人とその家族がもらえるお金

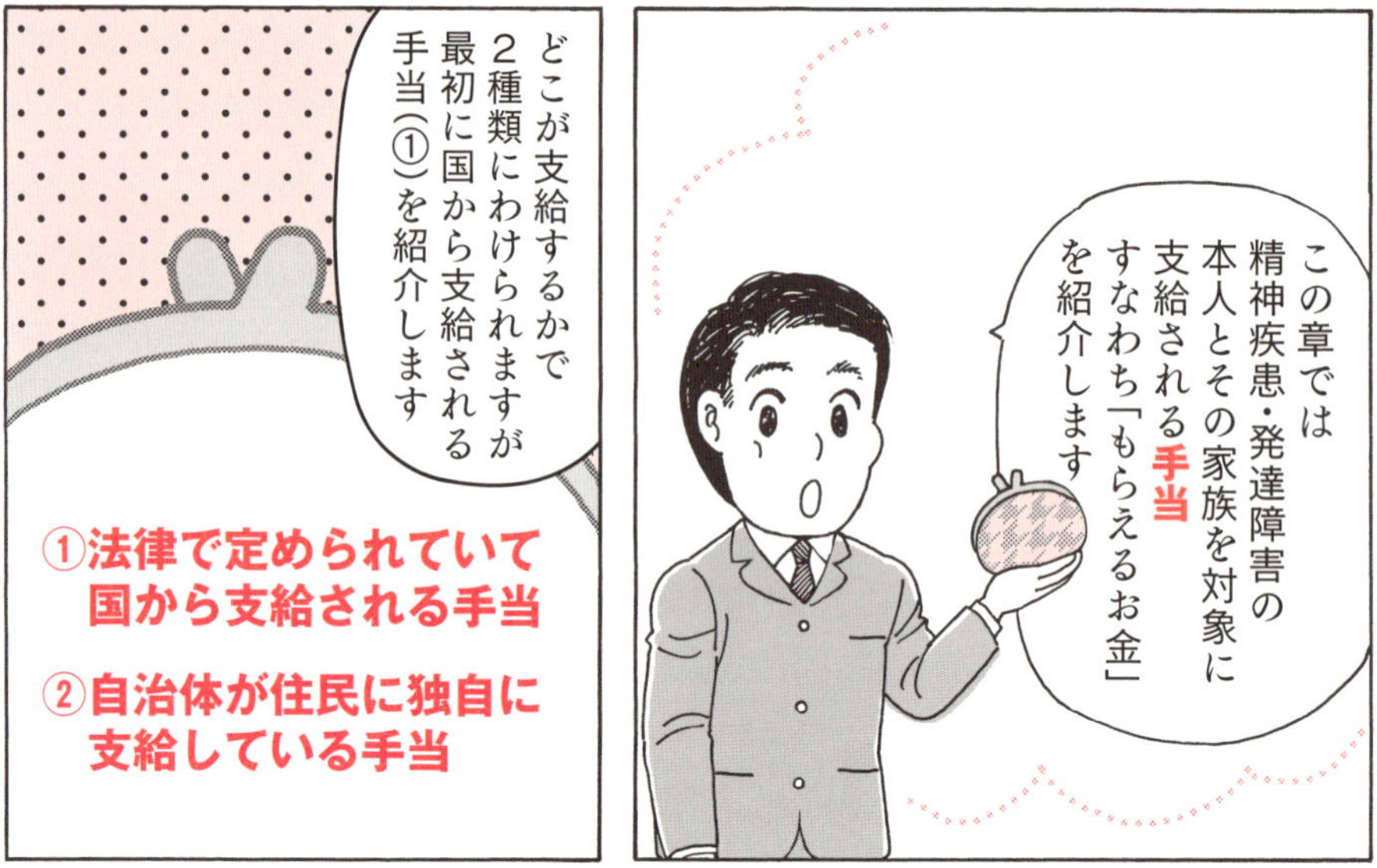

①法律で定められていて国から支給される手当

対象	家族	本人	
種類	**特別児童扶養手当**	**障害児福祉手当**（20歳未満の子）	**特別障害者手当**（20歳以上で在宅の人）
	児童扶養手当	児童手当	

＊太字は障害の当事者（家族・本人）が対象。そうでないものは障害の有無にかかわらずもらえます。なお、ここでいう「家族」は児童の父母のほか、児童の監護者・養育者などを指します

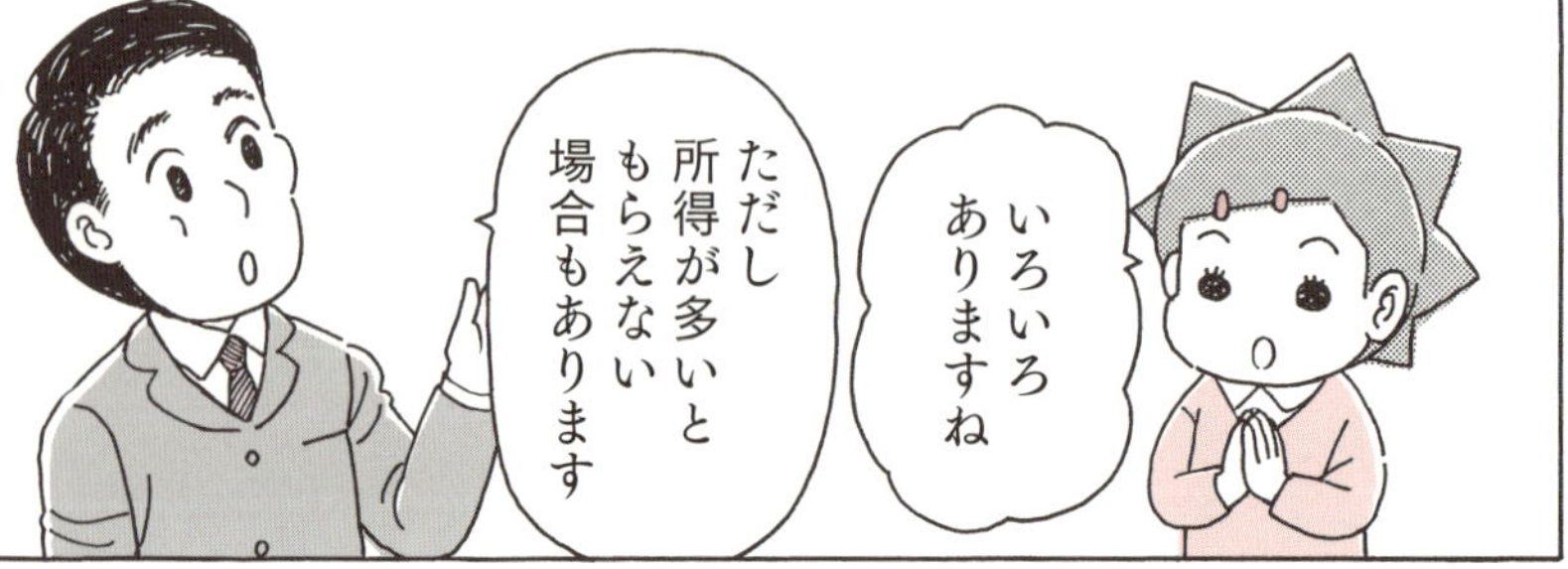

②の手当については
次のような
例がありますが…
②自治体が住民に独自に支給している手当の例
・心身障害者福祉手当
（埼玉県さいたま市）
・岡崎市心身障がい者福祉扶助料
（愛知県岡崎市）
・海南市心身障害児福祉年金
（和歌山県海南市）
など
こちらは都道府県や
市町村ごとに多種多様で
とても書ききれません
後ほど
89ページでいくつかを
挙げます
関心がある読者は
お住まいの自治体に
問い合わせて
いただければと
思います
うん
うん
いろいろな手当が
あるとわかりました！
うちの子は小学生のとき
発達障害の診断が
出ましたが
私でも知らなかった
手当がありますよ
そう！
その「知らなかった」に
大事なポイントが
隠されているんです

ポイント その1
手当がほしぃぃぃぃ!!
手当は本人や その家族が自分から 申請しなければ もらえません だから盲点に なりやすいんですよ
障害者手帳などを 取得したら 自動的についてくる わけではないので 要注意です
勝手についてくる
手帳
～とはならない
自治体が支給している 手当なんか 見落としそうですよね～
過去のぶんは もらえない!
請求した日
支給開始
（多くの手当で 翌月分から）
そうなんです さらに手当は原則 遡及《そきゅう》が認められません つまり申請前のぶんを さかのぼってもらう ことができないのです この点も重要です

ポイント その2
手当は併給が可能です
つまり複数もらえる
可能性があります
たとえば
児童手当をもらっている人でも
障害児福祉手当をもらえる
かもしれないわけです
障害児
福祉手当
児童
手当
ところが――
うちの子は
児童手当を
もらってるから
他の手当はきっと
もらえないよな…
こんなふうに
思い込んでしまう
人もいるようです
しかし
要件を満たしていれば
2つ以上の手当を受給
できるんですよ
ホントですか!?
たとえば
重度の身体障害と
知的障害を
あわせもつ子の親
(シングルマザー)が
・児童手当
・児童扶養手当
・特別児童扶養手当
・障害児福祉手当
この4つを併給できた
という例もあります

ここでちょっと注意していただきたいことをお伝えします
たとえば障害児福祉手当の申請に必要な書類を調べてみると——

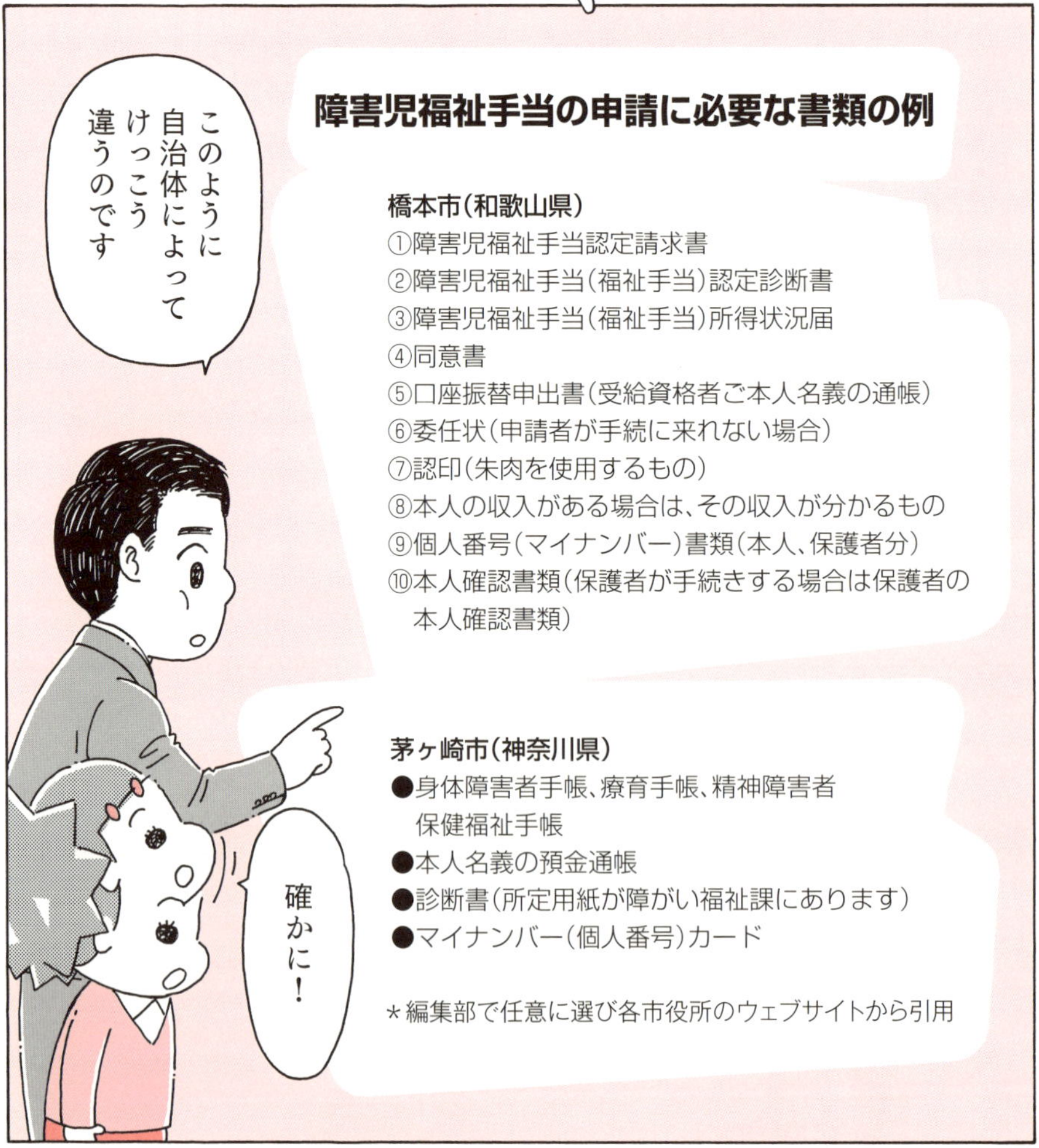
障害児福祉手当の申請に必要な書類の例
橋本市（和歌山県）
①障害児福祉手当認定請求書
②障害児福祉手当（福祉手当）認定診断書
③障害児福祉手当（福祉手当）所得状況届
④同意書
⑤口座振替申出書（受給資格者ご本人名義の通帳）
⑥委任状（申請者が手続に来れない場合）
⑦認印（朱肉を使用するもの）
⑧本人の収入がある場合は、その収入が分かるもの
⑨個人番号（マイナンバー）書類（本人、保護者分）
⑩本人確認書類（保護者が手続きする場合は保護者の本人確認書類）
茅ヶ崎市（神奈川県）
●身体障害者手帳、療育手帳、精神障害者保健福祉手帳
●本人名義の預金通帳
●診断書（所定用紙が障がい福祉課にあります）
●マイナンバー（個人番号）カード
＊編集部で任意に選び各市役所のウェブサイトから引用
このように自治体によってけっこう違うのです
確かに！

書式をウェブサイトから入手できる場合もありますがそれができない自治体もあるようです
〇〇手当
申請書
PDF
ファイル
ダウンロード
無駄足を踏まないためにも情報収集が欠かせませんが覚えておいていただきたいコツがあります

子どもが障害者手帳を持っています
申請できる手当について教えてください
TEL
役所
お住まいの地域の役所に足を運んでパンフレットをもらうとか電話で問い合わせるのがベストです

インターネットですべてがわかるわけではありません気をつけるようにしてください！
PC
さっそく役所に行ってみよ！

親などが対象

特別児童扶養手当、児童扶養手当とは？

子どもを育てている人（一般には「親」、法律では「養育者」「監護者」などとも呼ばれます）に支給される手当は2つあります。そのうち、障害がある子の親などに支給されるのが「特別児童扶養手当」です。

特別児童扶養手当は1級と2級で支給額が異なります。第2章で、障害の程度は大きく「重度」「中度」「軽度」にわけられると書きましたが、特別児童扶養手当の1級はおおむね重度に、2級は中度に該当します。

障害の程度が変わる可能性がある場合は、自治体により異なりますが、2年後を原則として再認定が行われる場合もあります。

もう一方の「児童扶養手当」は障害の有無にかかわらず支給され、対象となるのは、いわゆる「ひとり親家庭」などの特有の事情を抱えた家族に限られています。

なお、どちらの手当も遡及《そきゅう》（申請前のぶんをさかのぼって支給すること）はありません。

特別児童扶養手当

支給要件	20歳未満で精神または身体に障害がある子を家庭で養育している人
所得制限	あり
支給月額	1級　5万5350円　　2級　3万6860円 請求月の翌月から支給され、遡及は行われません
支給期月	4月、8月、12月に前月分まで支給
必要書類	戸籍謄本、申請者名義の通帳、診断書または障害者手帳　など
受給者数	約27万人（2024年3月時点）

児童扶養手当

支給要件	以下のどれかに当てはまる18歳以下（一定の障害があるときは20歳未満）の子を養育している人 ・父母が婚姻を解消した　・父または母が死亡した ・父または母に重度の障害がある　・母が婚姻しないで生まれた ・父または母の生死が明らかでない　など
所得制限	あり
支給月額	前年の所得によって全部支給（4万5500円）と一部支給（4万5490円～1万740円）にわけられ、2人目以降は以下のように加算されます ●2人目については全部支給は1万750円、一部支給は1万740円～5380円を加算 ●3人以上は、1人増えるごとに2人目と同額を支給（2024年11月から）* *それ以前は3人以上については1人増えるごとに全部支給は6450円、一部支給は6440円～3230円が支給されていた
支給期月	1月、3月、5月、7月、9月、11月
必要書類	戸籍謄本、預金通帳　など
受給者数	約81万人（2024年3月時点）

本人が対象

障害児福祉手当、特別障害者手当とは?

障害がある本人がもらえる手当には、「児童手当」「障害児福祉手当」「特別障害者手当」の3つがあります。

「児童手当」「障害児福祉手当」は、名称こそ「児童」となっているものの、実際には、その子を養育している親などが受け取る手当になります。

このうち児童手当は2024年に制度改正されました。従来は子どもが15歳になるまで支給されていたところ、18歳まで延長され、さらに所得制限も撤廃されたのです。より多くの人に支援が行きわたることが期待されます。

20歳以上で障害がある本人に支給されるのが「特別障害者手当」です。在宅で生活する本人のみを対象とした制度で、施設に入所しているときや病院などに3ヵ月を超えて入院しているときには支給されません。

なお、いずれの手当も遡及はありません。

障害児福祉手当

支給要件	精神または身体に重度の障害があるため、日常生活で常時、介護を必要とする状態にある在宅の20歳未満の人
所得制限	あり
支給月額	１万5690円（請求月の翌月から支給）
支給期月	２月、５月、８月、11月に前月分まで支給
必要書類	本人名義の預金通帳、診断書、障害者手帳　など
受給者数	約６万3000人（2024年３月時点）

特別障害者手当

支給要件	精神または身体に重度の障害があり、日常生活で常時特別の介護を必要とする状態にある、在宅（グループホームを含む）の20歳以上の人
所得制限	あり
支給月額	２万8840円（請求月の翌月から支給）
支給期月	２月、５月、８月、11月に前月分まで支給
必要書類	本人名義の預金通帳、診断書、障害者手帳　など
受給者数	約13万4000人（2024年３月時点）

児童手当

支給要件	国内に住所がある、高校生年代（18歳到達後の最初の年度末）までの児童を養育している人
所得制限	なし
支給月額	３歳未満　第１子、第２子＝１万5000円、第３子以降＝３万円 ３歳～高校生年代　第１子、第２子＝１万円、第３子以降＝３万円
支給期月	２月、４月、６月、８月、10月、12月に前月までの２ヵ月分を支給
必要書類	本人確認書類、通帳など振込口座を確認できるもの　など
受給者数	約803万人（2023年２月末時点）

住民が対象

自治体の手当にはどんなものがある？

前ページまでで紹介してきたのは国が支給している手当でしたが、そのほかに、各都道府県、政令指定都市や市区町村が独自に支給している手当があります。

たとえば、現在は終了してしまいましたが、明石市（兵庫県）が15歳～18歳の子どもに独自の児童手当を支給し話題になったことがあります（「明石市高校生世代への児童手当」、所得制限なし、月額5000円）。制度の実施主体の点から見ると、こういったものが自治体独自の制度に分類できます。

そのような自治体独自の手当制度のなかから、任意に選んだものをいくつか例として左の表にまとめました。

いずれの手当も、制度の内容、名称、支給要件から支給額まで多種多様です。ほかの手当との併給についても独自のルールが設けられています。居住している自治体が実施している手当について情報を得るには、役所の担当課に問い合わせる必要があります。

自治体が独自に支給している手当の例

	自治体	名称	おもに対象となる人	支給月額
親などがもらえる手当	東京都	東京都児童育成手当	児童（18歳に達する日以後の最初の３月31日までの間にある者）を養育中で、配偶者と離婚、死別などをしている人（所得制限があります）	１万3500円
親などがもらえる手当	千葉市（千葉県）	千葉市心身障害児童福祉手当	障害児福祉手当に該当しない20歳未満の重度障害児の保護者が対象。重度障害児とは「知的障害Ⓐ～おおむねBの１（知能指数50以下）、「精神障害1級」などの子を指す	7000円（重複障害児は1万500円）
親などがもらえる手当	市川市（千葉県）	市川市心身障がい児福祉手当	療育手帳Ⓐ～ Bの１、精神障害者保健福祉手帳１級～２級などの障害等級に該当する、20歳未満の子を監護している保護者（障害が重複する場合などは金額が変わります）	8000円（単独障害の場合）
親などがもらえる手当	海南市（和歌山県）	海南市心身障害児福祉年金	20歳未満の障害のある児童を監護している人	4000円
障害のある本人がもらえる手当	綾瀬市（神奈川県）	綾瀬市障害者愛護手当	４月１日時点で市内に１年以上居住している、身体・知的・精神障害のある人が対象。右欄の額は精神障害者保健福祉手帳２級の場合の支給額（精神障害者保健福祉手帳１級では年額１万1000円）	6000円（年額）
障害のある本人がもらえる手当	志木市（埼玉県）	重度心身障がい者手当	身体障害者手帳１級・２級、療育手帳Ⓐ、A、B、精神障害者保健福祉手帳１級・２級の人など	5000円
障害のある本人がもらえる手当	さいたま市（埼玉県）	心身障害者福祉手当	身体障害者手帳１～２級、療育手帳Ⓐ、A、B、精神障害者保健福祉手帳１級の人など	5000円
			身体障害者手帳３級、療育手帳C、精神障害者保健福祉手帳２級の人	2500円
障害のある本人がもらえる手当	一宮市（愛知県）	一宮市障害者手当	精神障害者保健福祉手帳１級	4000円
			精神障害者保健福祉手帳２級	2500円
			精神障害者保健福祉手帳３級	1500円
障害のある本人がもらえる手当	岡崎市（愛知県）	岡崎市心身障がい者福祉扶助料	重度障がい者	4000円
			中度障がい者	3500円
			軽度障がい者	2000円

生活を支える福祉サービスと障害者手帳の関わり

障害を抱えた人は法律上、障害児（18歳未満）と障害者（18歳以上）にわけられます。障害児・障害者およびその家族の生活を支える数多くの福祉サービスが、さまざまな法律にもとづいて設けられています。

精神疾患・発達障害がある子とその家族に深く関係するサービスとしてたとえば次の２つが挙げられます。

放課後等デイサービス　障害児を対象とした通所支援サービス

一人ひとりの特性に合わせ、学習や遊びをサポートします。学童クラブ、体操教室、そして、療育の専門家を配置しているところまでいろいろなタイプがあります。

就労支援サービス　障害者の「働く」を支援するサービス

①**就労移行支援**　一般企業での就労を希望する人を対象に、必要な知識の習得、スキルの向上などを支援します（利用は原則２年まで）。

②**就労継続支援**　福祉的就労と言われ、以下の２つのタイプがあります（利用は原則無期限）。

・就労継続支援A型：事業所と雇用契約を結んで働き、賃金を得ます。

・就労継続支援B型：特性に合った軽作業などを行い、賃金を得ます。

③**就労定着支援**　面談、職場訪問などを通じて、就労している人が働き続けるためのサポートを行います（利用は原則３年まで）。

福祉サービスは原則、所定の「受給者証」を取得した人が利用できます。受給者証の申請にあたっては、「精神障害者保健福祉手帳」「療育手帳」または診断書などの提出が求められます。このとき、あらかじめ障害者手帳を取得しておけば申請がスムーズになり、福祉サービスにアクセスしやすくなります。

このことから、福祉サービスを検討する前に障害者手帳を取得しておいたほうがよいと言えるのです。

第5章

障害者扶養共済制度（しょうがい共済）

親なき後に子どもがもらえるお金

かなしろさんは
障害者扶養共済制度
（しょうがい共済）
をご存じですか？
いえ——……
初めて聞きました
それも支援制度
なんですか？

はい！
しょうがい共済とは
保護者が
親なき後に備えて
任意で加入する制度です
★「親なき後」とは
親が亡くなったり重度の障害を負ったりして
子どもを養育できなくなった状態のこと

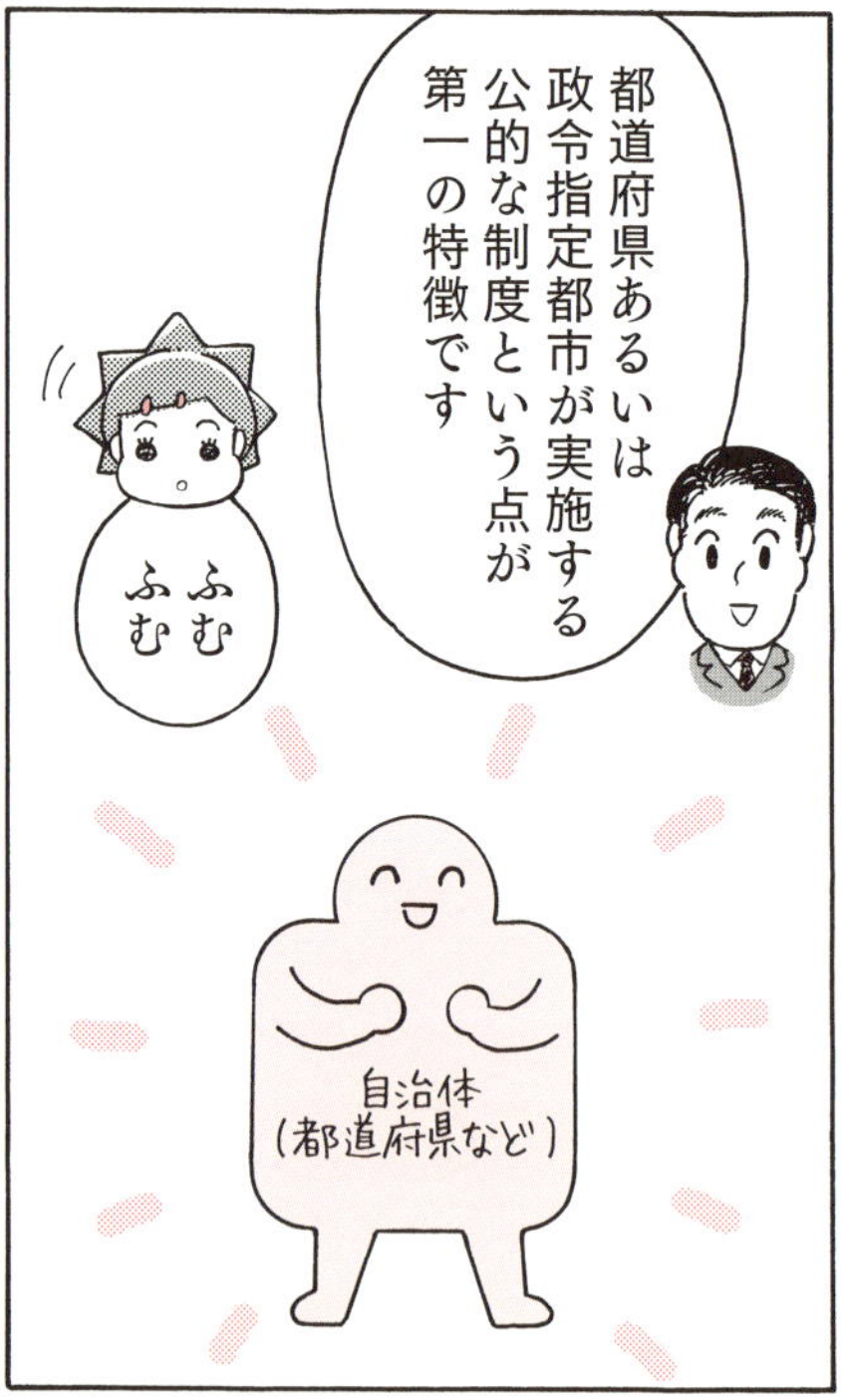
都道府県あるいは
政令指定都市が実施する
公的な制度という点が
第一の特徴です
ふむ
ふむ
自治体
（都道府県など）

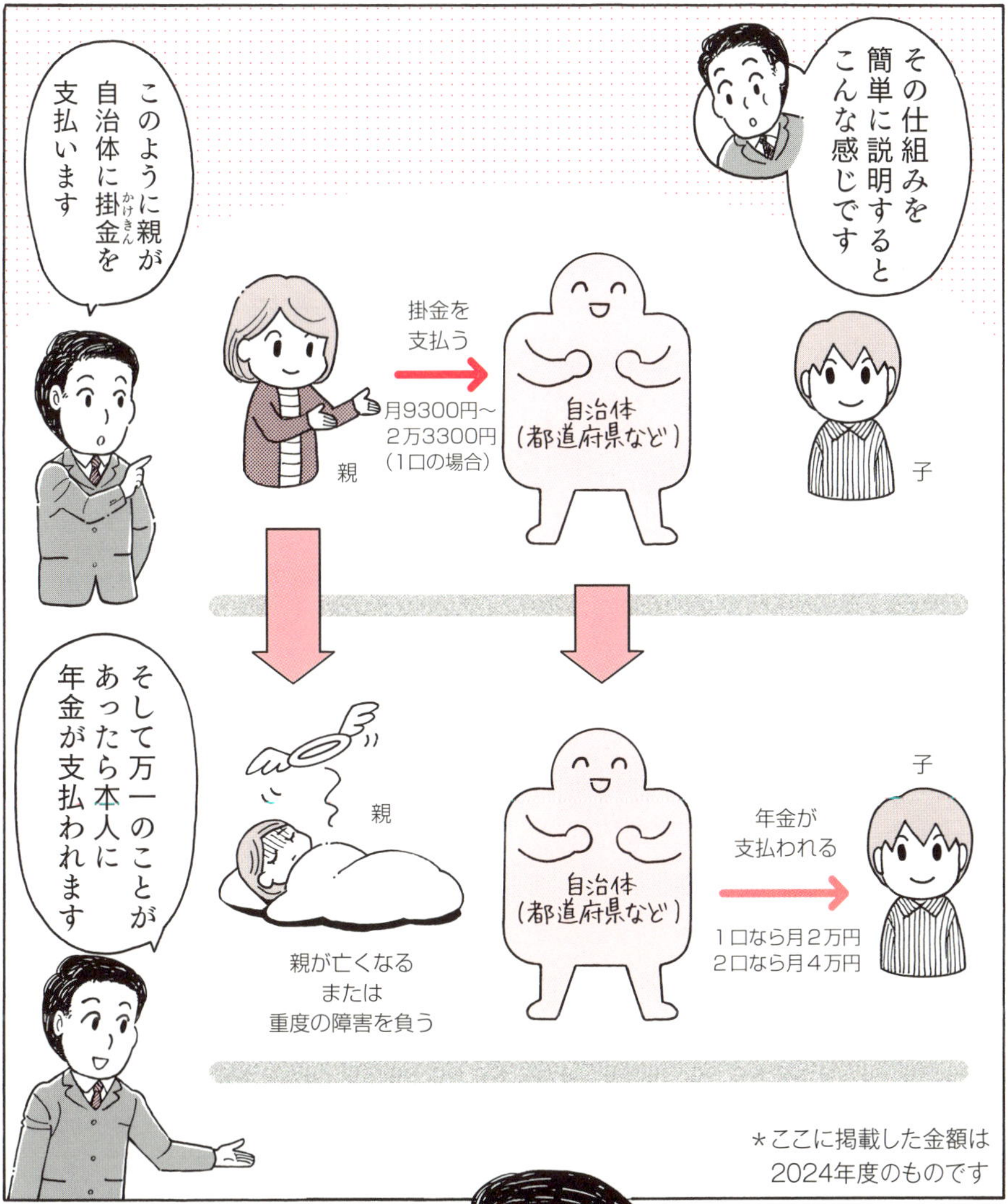
その仕組みを簡単に説明するとこんな感じです
このように親が自治体に掛金《かけきん》を支払います
親
掛金を支払う
月9300円〜2万3300円（1口の場合）
自治体（都道府県など）
子
そして万一のことがあったら本人に年金が支払われます
親
親が亡くなるまたは重度の障害を負う
自治体（都道府県など）
年金が支払われる
1口なら月2万円
2口なら月4万円
子
＊ここに掲載した金額は2024年度のものです

加入の申し込みは地域の福祉事務所や市区町村の役所でできますよ
➡より詳しくは106ページを参照してください

へ〜 前もって お金を払っておいて 備えるんですね！
でも生きてる間 親はずっと掛金を 払うんですか？
そんなことはありません ざっくり言うと
加入してから 20年以上が経過
加入している親が 満65歳になった
という2つの要件を 両方満たせば 次の年度から払わなくても よくなります
え!? 加入する 年齢によっては お得な感じが しますけど
でも先生 親なき後に備えるなら 民間の生命保険も ありますよね
保険料がお安いものも あるみたいだし そっちでもいいような 気がしますけど…
そうかもしれませんが しょうがい共済には 民間の保険にはない メリットが 少なくとも2つあります
ん!? メリットですか？

たとえばこちら！
①毎月もらえる終身年金
しょうがい共済の年金は
障害がある本人が亡くなるまで
毎月一定額が支給されます
投資しなよ
いい話あるよ
SAGI
親が亡くなったあと
まとまった額の
保険金などが入ると
詐欺《さぎ》に遭ったり
つい浪費してしまう
リスクが出て
きますが
オレのおごりだ！
パーッといこうぜ！
毎月定額なら
そんなことは
起こりにくい
はずです
うちの息子も
一気に散財
しやすいタイプ
なんですが
その心配を
減らせるって
いいですね！
②税制面での優遇
もうひとつの
メリットはこちら！
2つの優遇が
あります
その1　掛金
まず
親が支払う掛金は
全額が所得控除の
対象です
単純化すると
次ページのようになります

所得が同じ人で比べてみると……
非加入者の親
所得
この金額に課税
しょうがい共済に加入している親
所得
この金額に課税
しょうがい共済の掛金のぶん
このように所得にかかる所得税や住民税などが少し安くなります
それって助かる〜

なお 民間の保険でも所得控除は受けられますが保険会社に支払っている保険料の全額が対象になるとは限りません

その2 年金
非課税
本人(障害がある人)が**受け取る年金には税金がかかりません**
次ページのとおり他の経済的支援制度とも相性がいいんですよ
相性がいいってどういうこと?

障害年金（第6～7章参照）との相性

➡障害年金をもらっていても、しょうがい共済の年金がもらえます

［しょうがい共済と障害年金は別の制度です
障害基礎年金の所得制限の対象にもなりません］

生活保護（204ページ参照）との相性

➡生活保護を受けていても、しょうがい共済の年金がもらえます

［しょうがい共済の年金をもらっていても
生活保護で支給されるお金は減りません］

しかし 率直に言って
しょうがい共済には
デメリットもあります
途中で脱退した場合や
本人が先に
亡くなった場合
掛金は戻りません
うん うん
いいことばかりでは
ないんですね
民間の保険でいう
解約返戻金《かいやくへんれいきん》のような
仕組みもありますが
額が大きいとは
言いがたいです
また 掛金の支払総額が
年金の受給総額を上回る
可能性もあります

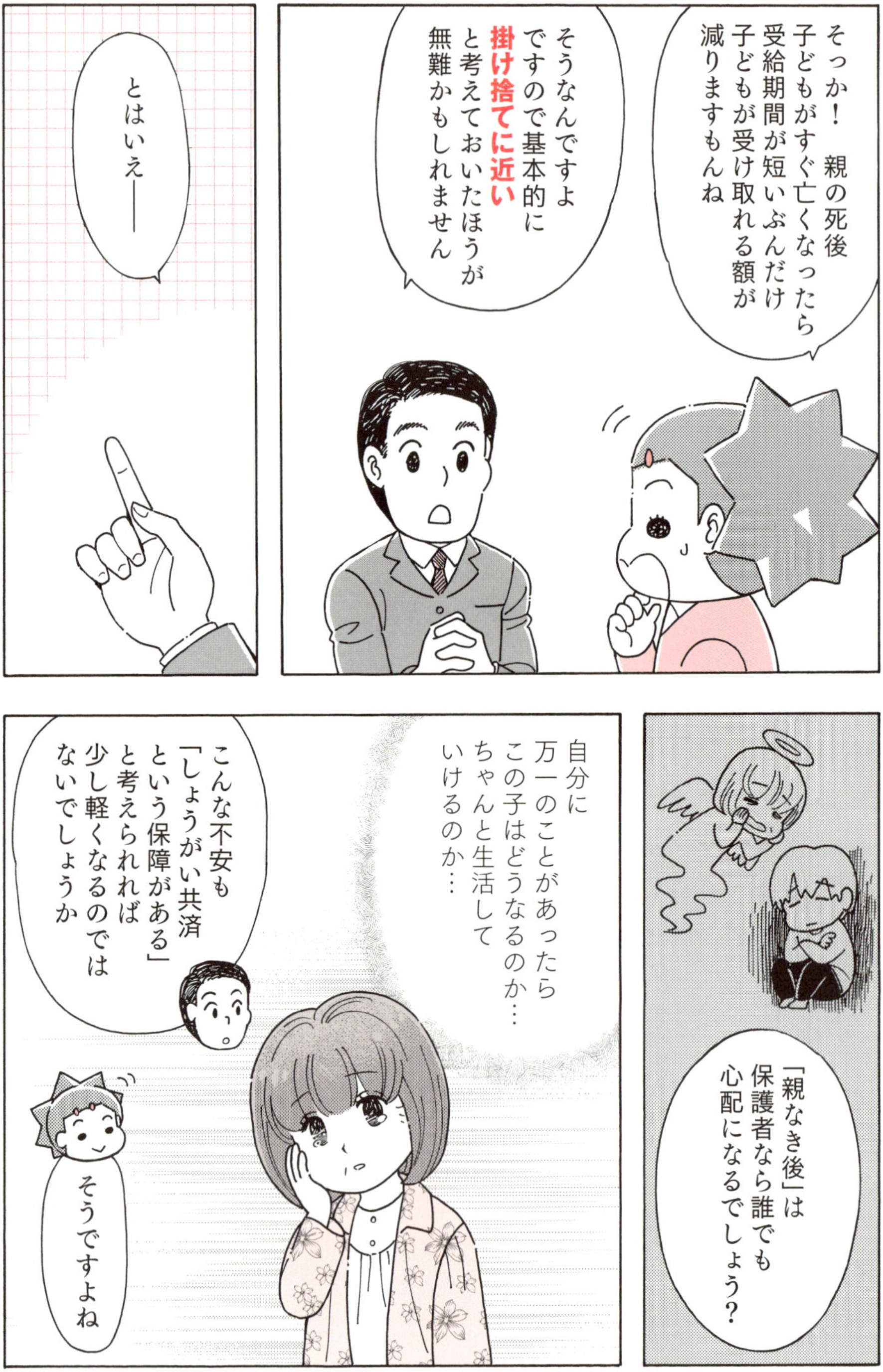

そっか！　親の死後子どもがすぐ亡くなったら受給期間が短いぶんだけ子どもが受け取れる額が減りますもんね
そうなんですよですので基本的に**掛け捨てに近い**と考えておいたほうが無難かもしれません
とはいえ――
「親なき後」は保護者なら誰でも心配になるでしょう？
自分に万一のことがあったらこの子はどうなるのか…ちゃんと生活していけるのか…
こんな不安も「しょうがい共済という保障がある」と考えられれば少し軽くなるのではないでしょうか
そうですよね

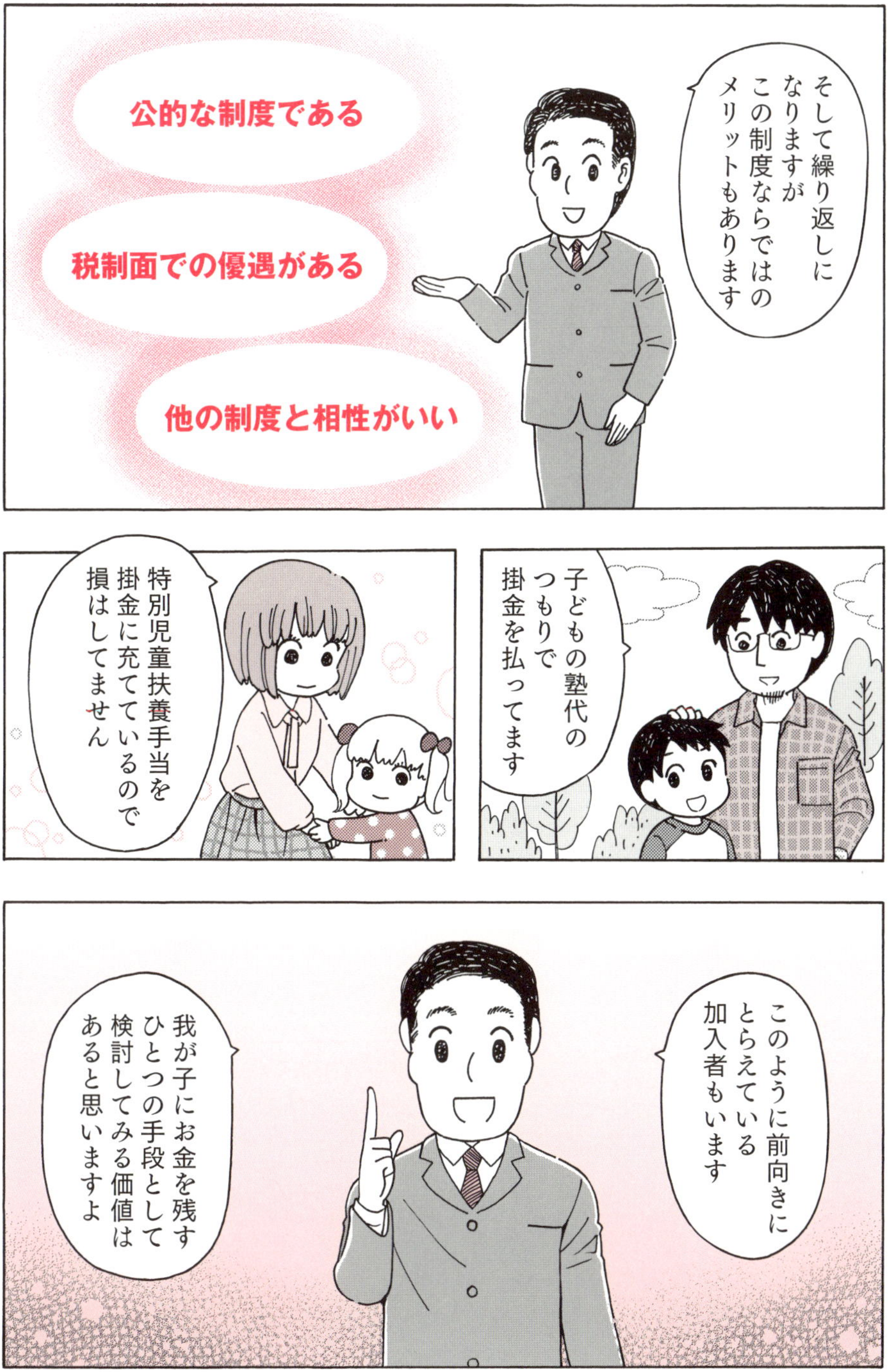
そして繰り返しになりますがこの制度ならではのメリットもあります
公的な制度である
税制面での優遇がある
他の制度と相性がいい
子どもの塾代のつもりで掛金を払ってます
特別児童扶養手当を掛金に充てているので損はしてません
このように前向きにとらえている加入者もいます
我が子にお金を残すひとつの手段として検討してみる価値はあると思いますよ

どんな制度か

しょうがい共済はどんな仕組み？

障害者扶養共済制度（愛称「しょうがい共済」）の歴史は古く、その礎《いしずえ》となる取り組みは１９６６年に足利市（栃木県）や神戸市（兵庫県）などで始まったと言われています。

これらの取り組みがほかの自治体へと広がっていき、国の指導・監督のもと平準化された全国規模の制度として１９７０年にできたのが、現在の「しょうがい共済」です。次ページのように、自治体（都道府県など）が実施主体として掛金を集め、それを独立行政法人福祉医療機構（WAM《ワム》）が運用することで成り立っています。

２０２２年度末までにのべ約21万６０００人が加入し、約8万４０００人に年金が支払われました。この間、掛金や年金などの金額は何度か改定されており、最後の改定は２００８年です。加入者数が減少していて、今後ふたたび改定が行われる可能性もありますが、貴重な社会資源であることに変わりはありません。ぜひ概要くらいは知っておきましょう。

しょうがい共済の仕組み

福祉医療機構は生命保険会社と生命保険契約を、信託銀行と金銭信託契約を結んでいます。加入者に万一のことがあった場合は保険会社からの保険金が信託銀行に信託・運用され、そこから年金が支給されます。

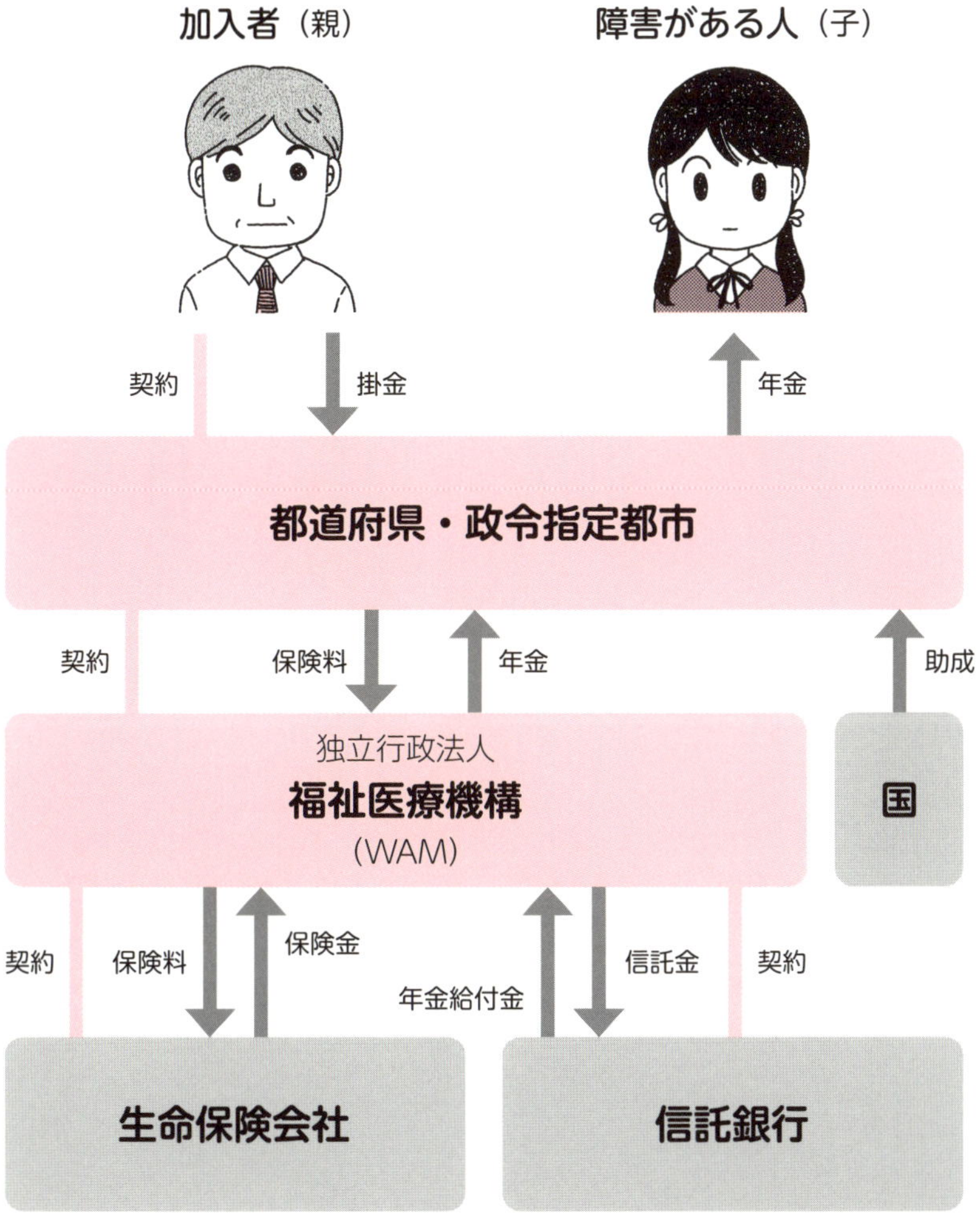

利用するには

加入するための要件は?

「保護者(加入者)の要件」と「本人(障害のある人)の要件」の2つがあり、両方を満たすと加入できます。

保護者(加入者)の要件　加入できるのは「満65歳未満の保護者」ですが、この場合の年齢は「加入時の年度(4月1日~翌年3月31日)の4月1日時点の年齢」をいいます。誕生日時点の年齢ではない点に注意が必要です。

加入にあたり所得の有無は問われませんが、障害のある本人1人につき、加入できる保護者は1人と決まっています(つまり、両親2人が1人の子のためにそろって加入することはできません)。親1人が複数の子のために加入することは可能です。

本人(障害がある人)の要件　本人の年齢は問われませんが、次ページに示す障害があり、かつ将来「独立自活することが難しいと認められる人」が対象となります(なお、加入後に本人の障害が軽快しても、保護者は加入し続けることができます)。

共済加入の要件

保護者（加入者）の要件

障害のある人を扶養している保護者（父母、配偶者、兄弟姉妹、祖父母、その他の親族など）で、次のすべての要件を満たしている人。

❶申し込みをする都道府県・政令指定都市に住所がある

❷満65歳未満（加入する年度の4月1日時点の年齢）*

❸特別な疾病や障害がなく、生命保険契約の対象となる健康状態にある

*後から口数を追加する場合は追加時の年度の4月1日時点の年齢になります

本人（障害がある人）の要件

次のいずれかに該当する障害があり、将来、独立自活することが困難と認められる人。障害の程度は障害者手帳、障害年金、手当を受けているかどうか、医師の診断書などで判定されます。

❶知的障害

❷身体障害者手帳を所持し、その障害が1級から3級までに該当する人

❸精神または身体に永続的な障害がある人（統合失調症、脳性麻痺、進行性筋萎縮症、自閉症、血友病など）で、その障害の程度が❶または❷と同程度と認められる人

必要な費用

加入者が払う掛金はいくら？

掛金の金額は加入時の年齢に応じて決まります。また、次ページのように金額は5歳刻みで上がります。この場合の年齢は、保護者の要件（102ページ参照）と同じく「加入時の年度（4月1日〜翌年3月31日）の4月1日時点の年齢」をいいます。

マンガでも述べましたが、掛金は2つの要件（「加入して20年以上経過」と「加入者（保護者）が65歳になった」）の両方を満たすまで支払うと、加入月以降から免除になります。これが「掛金の免除」です。この場合の65歳は、「65歳の誕生日を迎えた、次の年度の初日（4月1日）」が算定日となります。

経済的な事情や災害などで掛金の支払いが難しい場合は、「掛金の減免」（減免とは減額や免除のこと）が受けられるかもしれません。減免を受ければ生活保護世帯でも加入できる場合があるので、関心がある人はお住まいの自治体に問い合わせてみましょう（なお、掛金の減免は各都道府県や政令指定都市などによって実施状況が異なるのでご注意ください）。

加入するとかかるお金

掛金の月額（１口当たり）

加入時の年度の４月１日時点の年齢	35歳未満	9,300円
	35歳以上　40歳未満	11,400円
	40歳以上　45歳未満	14,300円
	45歳以上　50歳未満	17,300円
	50歳以上　55歳未満	18,800円
	55歳以上　60歳未満	20,700円
	60歳以上　65歳未満	23,300円

＊2024年度現在。高知県のように県と市町村の補助によって掛金が大幅に低く設定されているところもあります（「高知県　しょうがい共済　掛金」でネット検索すると資料にアクセス可能）

掛金の免除（いつまで支払えばいいのか）

掛金はずっと払い続けねばならないわけではありません。次の要件を両方とも満たした以後の加入月から、掛金を支払う必要がなくなります。

❶加入期間が20年以上となったとき
❷年度初日（4月1日）の保護者（加入者）の年齢が65歳となったとき

掛金の減免（困窮している人への救済措置）

経済的に困っている加入者が対象です。減額・免除になる金額や、減免を受けるための要件は自治体ごとに異なるため、ここでは2つの例を紹介します。

東京都　「生活保護を受けている」「住民税非課税または免除」などの場合、1口目の掛金の2分の1を免除

熊本市　「生活保護を受けている」「住民税非課税または免除」などの場合、1口目の掛金から全部または一部を減額

必要な書類と手続きは？

加入の手続きは、地域の福祉事務所や市区町村の役所の窓口などで行います。おもな必要書類は次の①～④で、後述する年金管理者（113ページ参照）を指定する場合は⑤も必要です。

①加入等申込書
②本人および保護者の住民票の写し
③申込者（被保険者）告知書
④障害の種類と程度を証明する書類（手帳など）
⑤年金管理者指定届書

このうち③の申込者告知書は、加入する保護者の健康状態を告知する書類です。次ページに一例として大阪府の書式を掲載しました。

通常、加入の申し込みから承認までは2ヵ月前後かかります。年度（4月～翌年3月）をまたぐと掛金の額が変わることもあるので、加入を決めたら、早めに手続きを始めるほうがいいでしょう。

なお、加入後に引っ越した場合は、転居先で手続きをすることで継続して加入できます。

申込者（被保険者）告知書の例（大阪府の場合）

様式第2号(第2条関係)

生保記入欄	
自治体コード	加入番号

申込者(被保険者)告知書
(心身障害者扶養共済制度)

都道府県・指定都市記載欄		
①	②	③
一口目加入	二口目加入	1と2の同時加入

大阪府知事　様

・「重要事項のご説明」の内容(個人情報の取扱いを含む)を確認・承知し、心身障害者扶養共済制度における保険契約の被保険者となることに同意のうえ、署名・押印しました。
・下記の事項は事実に相違ありません。

告知日(記入日)	令和　年　月　日	

＊告知書有効期限は、加入希望月の2ヶ月以内

申込(加入)にあたって	申込者は、以下の事項について心身障害者に対して説明し、この制度に加入することの同意を得ました。 ・申込者が死亡し、または重度障害になった場合は、心身障害者に対して「年金給付保険金」が支払われること ・心身障害者が死亡した場合は、申込者に対して「弔慰金給付保険金」が支払われること	㊞ ⇦ 心身障害者の同意を得た後に押印してください。

フリガナ				性別	生年月日
申込者氏名	(姓)	(名)	㊞	① 男 ② 女	① 昭和　② 平成　③ 令和 年　月　日

フリガナ			
心身障害者氏名	(姓)	(名)	月　日

障害の種類・程度			
	① 身体障害	① 1級　② 2級　③ 3級	申
	② 知的障害	① A　② B	心身障害者との続柄	③ 兄弟姉妹　④ その他の家族
	③ 精神障害	① 1級　② 2級	申込者が配偶者、父母以外の場合はその理由
	④ その他	① その他	

ここに加入者の既往歴などを申告する欄があります

申込者の告知(心身障害者にかかる告知ではありません)

最近の健康状態

①最近3ヶ月以内に、医師の診察・検査・治療・投薬を受けたことがありますか。また、その結果、検査・治療・入院・手術をすすめられたことがありますか。　＊ はい の場合、下記〔詳細記入欄〕に記入してください。　はい・いいえ

過去5年以内の健康状態

②過去5年以内に、病気やけがで手術を受けたこと、または継続して2週間以上の入院をしたことがありますか。　＊ はい の場合、下記〔詳細記入欄〕に記入してください。　はい・いいえ

③最近5年以内に、下記の病気で医師の診察・検査・治療・投薬を受けたことがありますか。
ある場合は右の はい を○で囲んだうえ、下記〔詳細記入欄〕に記入してください。　はい・いいえ

心臓・血圧	狭心症・心筋こうそく・心臓弁膜症・先天性心臓病・心筋症・高血圧症(※1)		
脳・精神・神経	脳卒中(脳出血・脳こうそく・くも膜下出血)・脳動脈硬化症・精神病・神経症・てんかん・自律神経失調症・アルコール依存症		
肺・気管支	ぜんそく・慢性気管支炎・肺結核	腎・泌尿器	腎炎・ネフローゼ・腎不全
食道・胃腸・すい臓	胃かいよう・十二指腸かいよう・かいよう性大腸炎・すい炎	眼・耳・鼻	緑内障・網膜の病気・角膜の病気
肝臓・胆のう	肝炎(肝炎ウィルス感染を含む)・肝硬変・肝機能障害	がん・しゅよう	がん・肉腫・白血病・しゅよう・ポリープ
その他	糖尿病(※2)・リウマチ・こうげん病・貧血症・紫斑病・子宮筋腫・子宮内膜症・卵巣のう腫・乳腺症		

④過去5年以内に、上記③以外の病気やけがで2週間以上にわたり、医師の診察・検査・治療・投薬を受けたことがありますか。　＊ はい の場合、下記〔詳細記入欄〕に記入してください。　はい・いいえ

身体の障害

⑤現在身体に障害はありますか。 はい の場合は、該当するところを○で囲んだうえ、「障害の原因・部位・程度等」欄に詳細を記入してください。　はい・いいえ

機能障害	目・耳・言語・そしゃく	障害の原因・部位・程度等	発症時期
	手・足・手指・背骨(脊柱)		障害の原因
欠損	手・足・手指・背骨(脊柱)		障害の部位
変型	手・足・手指・背骨(脊柱)		障害程度

〔詳細記入欄〕
上記①～④に はい があった場合には、その内容についてそれぞれ詳細を記入してください。その内容が「高血圧症(※1)」・「糖尿病(※2)」の場合は、数値等も記入してください。なお、記入欄が不足する場合は、告知書を複数枚使用してください。

はい をつけた該当番号	①・②・③・④	①・②・③・④
病気やけがの名前・検査結果		
診察・検査・治療・投薬を受けた期間	年　月から　年　月	年　月から　年　月
入院の有無・期間	無・有(　年　月から　年　月)	無・有(　年　月から　年　月)
手術の有無(手術の名前、または内容・部位)	無・有(　)	無・有(　)
症状経過	完治・治療中・検査中・検査終了(異常なし)・経過観察中	完治・治療中・検査中・検査終了(異常なし)・経過観察中
入院・手術・診察・検査・治療・投薬を受けた医療機関名		

(※1)〔高血圧症の場合は記入してください〕
最近の血圧　最大　mmHg
最小　mmHg

(※2)〔糖尿病の場合は記入してください〕
最近の空腹時血糖値　mg／dl
治療方法(　)

生保記入欄	

給付される額

いつ・いくらもらえるのか？

本人がもらえる年金の額は、保護者が加入している加入口数に応じて変わります。保護者は1口加入するか、2口加入するかを選べます（3口以上加入することはできません）。1口加入であれば2万円が、2口加入であれば4万円が、本人が亡くなるまで毎月給付されます。これが、しょうがい共済の年金です。

年金の支給が開始されるのは、加入していた保護者が亡くなるか、次ページに示すような重度障害状態になった月（該当月）からです。

ただし、請求手続きをしなければ支払われませんので、注意してください（請求の手続きと支給開始後の注意点などについては112ページを参照。請求手続きが遅れた場合でも、該当月までさかのぼって年金を受け取ることができます）。

なお、しょうがい共済の掛金や年金などの金額は何度か改定されており、今後も改定される可能性があります。

給付される金額と支給要件

給付される金額

親が1口加入している場合	子に月額２万円を給付 （＝年額24万円）
親が2口加入している場合	子に月額４万円を給付 （＝年額48万円）

支給要件（いつから支給されるか）

加入している親が亡くなったり、重度の障害を負ったときに支給が始まります（重度の障害とは、ここでは失明、手足の欠損、耳が聞こえなくなるなどといった状態が想定されています）。より正確には、以下のように定められています。

しょうがい共済における支給要件

以下のいずれかに該当すると年金の支給が始まります。
・加入者が亡くなったとき
・加入者が次のいずれかの重度障害を負ったとき

❶両眼の視力を全く永久に失った
❷咀嚼《そしゃく》または言語の機能を全く永久に失った
❸両上肢を手関節以上で失った
❹両下肢を足関節以上で失った
❺一上肢を手関節以上で失い、かつ一下肢を足関節以上で失った
❻両上肢の用を全く永久に失った
❼両下肢の用を全く永久に失った
❽十手指を失ったか、またはその用を全く永久に失った
❾両耳の聴力を全く永久に失った

お金がもらえないのはどんなとき？

次ページに示すように、加入している保護者が死亡（あるいは重度障害状態）に至った理由によっては年金が支払われないことがあります。

「保護者より先に本人が亡くなった場合」や「親が制度から脱退した場合」も、年金は支払われません。

すでに払い込みが済んでいる掛金も返還されませんが、加入期間に応じて弔慰金や脱退一時金が支給されます（ただし、弔慰金は1年以上、脱退一時金は5年以上、制度に加入していなければもらえません。詳しくは表を参照）。

なお、弔慰金には所得税や地方税がかかりませんし、生活保護の収入として認定されません（生活保護の受給者が何らかの利益を受けるとそのぶん保護費が減額されますが、弔慰金のぶんは減額されないということです）。一方、脱退一時金には所得税や地方税がかかり、生活保護の収入として認定されるという違いがあります。

不支給になる場合

不支給とは、掛金を支払っていても年金が支給されないことを指します。制度から脱退した場合のほか、加入者がもともと抱えていた疾患により重い障害を負った場合など、いくつかのケースでは支給されません。より正確には以下のように決められています。

掛金を払っていても不支給になる場合

以下に当てはまる場合、年金は支給されません

●**次のいずれかにより加入者が死亡した場合**
- 加入日以後１年以内の自殺
- 障害のある人の故意

●**次のいずれかにより加入者が重度障害状態になった場合**
- 加入者の故意または重大な過失に基づく行為
- 加入者の犯罪行為
- 障害のある人の故意による傷害行為
- 加入前の疾病・災害
- 加入前の原因で障害を負った身体部位に新たな障害が加重した

●**加入者の生存中に障害のある人が亡くなった場合**
➡弔慰金が支払われます

●**加入者が制度から脱退した場合**
➡脱退一時金が支払われます

弔慰金（１口あたり）

加入期間	１年以上　５年未満	５万円
	５年以上　20年未満	12万5000円
	20年以上	25万円

脱退一時金（１口あたり）

加入期間	５年以上　10年未満	７万5000円
	10年以上　20年未満	12万5000円
	20年以上	25万円

＊金額はいずれも2023年度のもの

親なき後に

お金をもらうために必要な手続きは？

年金は請求手続きをすることで初めて給付されます。請求漏れがないよう、共済に加入していることを本人や家族、あるいは親戚など、信頼できる人たちとも共有しておけると理想的です。

請求手続きのあらまし

しょうがい共済の年金は、地域の福祉事務所や市区町村の役所の窓口などで請求できます。手続きは障害のある本人か年金管理者（後述）、または法定代理人や委託を受けた代理人などが行います。おもな必要書類は次の通りです。

・年金給付請求書

・共済加入証書

・本人の住民票の写し

・加入者の死亡診断書（または障害の診断書）

・加入者の除票（原本）

・口座振替依頼書

など

給付開始後の注意点

年金の給付が開始された後は、毎年5月に現況届（年金受給権者現況届書）を提出する必要があります。出し忘れるとその間の年金が差し止めになってしまうので、くれぐれも忘れないようにしましょう。

そのほか本人の名前や住所が変わったとき、金融機関や口座を変更したとき、本人が亡くなったときなども、手続きが必要です。

年金管理者を指定しておくとよい

しょうがい共済の「年金管理者」とは、障害のある本人に代わって給付の手続きや年金の管理を行う人のことで、次のような人がなる場合が多いようです。

・加入者の配偶者
・本人の兄弟や姉妹
・親族

年金は加入している保護者に万一のことがあった場合に給付されるので、年金の請求や管理、そしてそれ以降の手続きは「加入者以外の人」が行うことになります。

障害者扶養共済制度

次ページにつづく

障害のある本人に手続き・管理ができれば何よりですが、難しい場合もあるでしょう。共済に加入したら、どこかの時点で年金管理者を指定しておくと安心です。

年金管理者は、加入時はもちろん、加入した後で指定することもできます。また、途中で管理者を変更することも可能です。

第6章

障害年金

（その1）

制度のあらましともらえる金額

私たち人間には生きている以上避けがたいリスクが3つあります！
加齢
障害
死亡
どのリスクもそれに直面すると生計を立てるのが難しくなりますね
そうなんです
生計を脅かすリスクに備えるため国がつくり加入を義務付けているのが**公的年金制度**です
公的年金制度
リスク

現在　我が国には各リスクに対応する３つの年金制度があります
老齢年金
年老いてからの生活を支える
遺族年金
働き手が亡くなったあとの生活を支える
障害年金
病気・障害を負った後の生活を支える
ここでは障害年金を紹介します
はい　お願いします
障害年金は障害がある人の生活を長きにわたって支える土台となり得ます
とても大切な制度ですのでしっかり学んで備えてください
説明に入る前に前提として必ず押さえてほしい特徴を３つ挙げておきます

障害年金　3つの特徴

①現役世代の人ももらえる年金

生まれつき障害がある人も、仕事やプライベートで障害を負った人も、障害を抱えて働いている人も、認定されれば支給されます

②20歳を超えたら対象になる

障害がある本人が国民年金に加入する20歳になったらもらえます（ただし下の③にあるように、自動的に受給できるものではありません）

③「請求」しなければもらえない

年金を申請することを「請求」と言いますが、どんな人でも障害年金は請求しなければ受給できません

でも障害者手帳を持っていれば請求しなくてもいいんでしょ？
それはとっても危険な誤解です
えっ!?
障害年金と障害者手帳（第2〜3章）さらに手当（第4章）はそれぞれ別の根拠に基づいた異なる制度で認定の基準も違います
国民年金・厚生年金保険
障害認定基準
令和4年4月1日改正

障害年金　危険な思い込み

✕手帳があり障害者として認定されているからもらえる
→請求しなければもらえません！

✕いまもらっている手当が20歳になったら切り替わる
→切り替わりません！　請求を！

知っておいて損はない
基本的なことを
説明していきますので
ぜひしっかり
読んでください
ハイ

まずは
制度のあらましを
押さえましょう
日本の公的年金は
基礎年金と厚生年金の
二階建てになっています
➡詳しくは132ページ参照

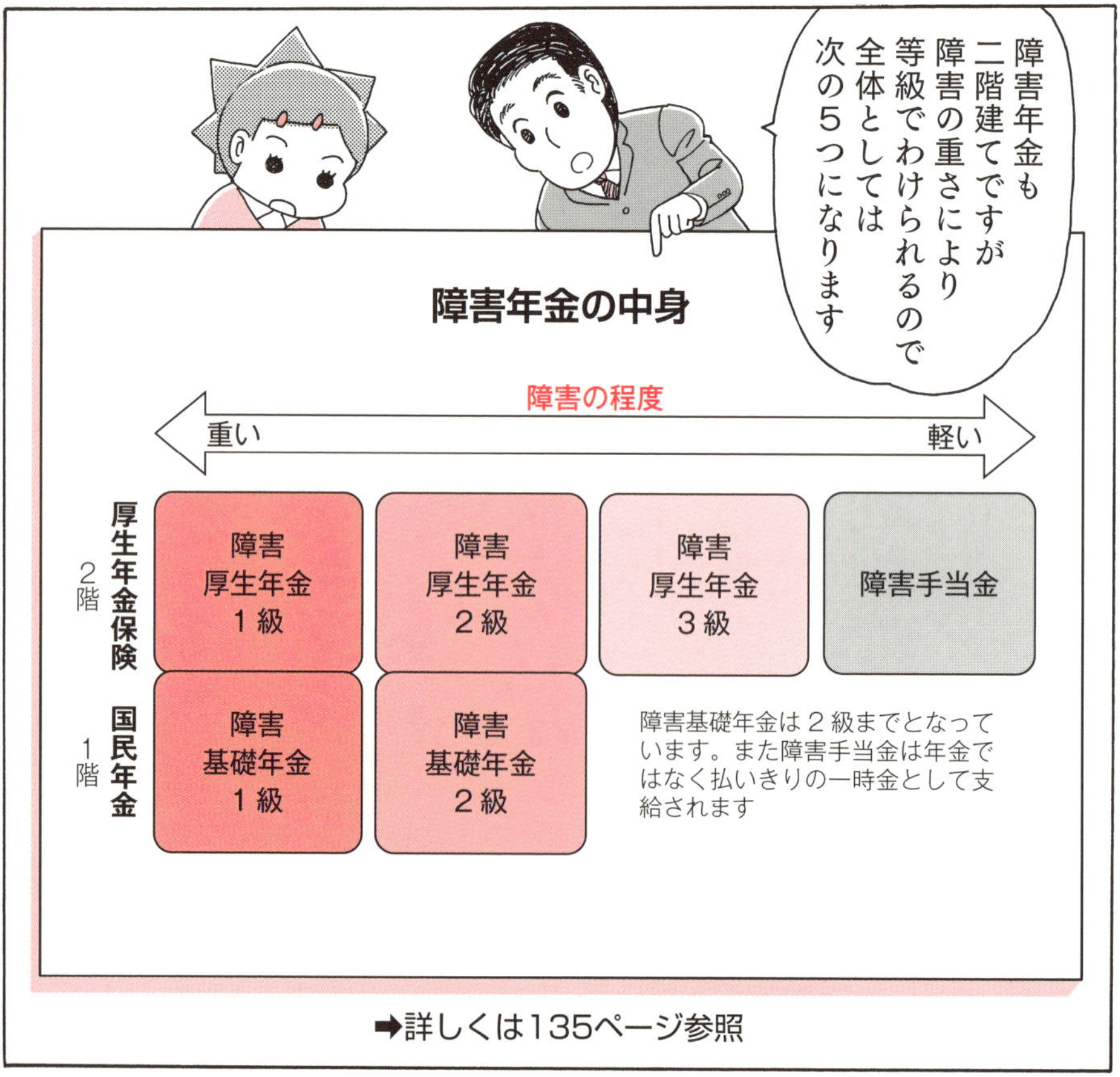
障害年金も
二階建てですが
障害の重さにより
等級でわけられるので
全体としては
次の5つになります
障害年金の中身
障害の程度
重い
軽い
2階 厚生年金保険
障害 厚生年金 1級
障害 厚生年金 2級
障害 厚生年金 3級
障害手当金
1階 国民年金
障害 基礎年金 1級
障害 基礎年金 2級
障害基礎年金は2級までとなっています。また障害手当金は年金ではなく払いきりの一時金として支給されます
➡詳しくは135ページ参照

たくさんありますね！
これなら請求すれば
どれかもらえそう
ところが
そう簡単では
ありません

実は障害年金は
次の3つの要件を
満たさなければ
請求すること自体
難しくなるのです
そうなの!?

障害年金　受給のための3つの要件
要件①　初診日
要件②　保険料の納付
要件③　障害状態
以下　それぞれ
説明しますね

要件①
初診日
3つのなかでも最も重要な「初診日」はこう定義されます
クリニック
初診日とは……
障害の原因となった病気やケガで初めて医師等の診療を受けた日
これはわかる！精神疾患や発達障害の症状で初めて病院や診療所にかかった日ですね
基本的にはそうです
➡詳しくは136ページ参照

初診日が重要な理由は2つあります
理由1　年金が決まる
初診日がいつの時点にあるかでその人が該当する年金が決まります
初診日

初診日によってもらえる障害年金が変わる！

・20歳前に初診日がある人
・初診日の時点で国民年金に加入している人
　➡**障害基礎年金**に該当

・初診日の時点で厚生年金に加入している人
　➡**障害厚生年金**に該当

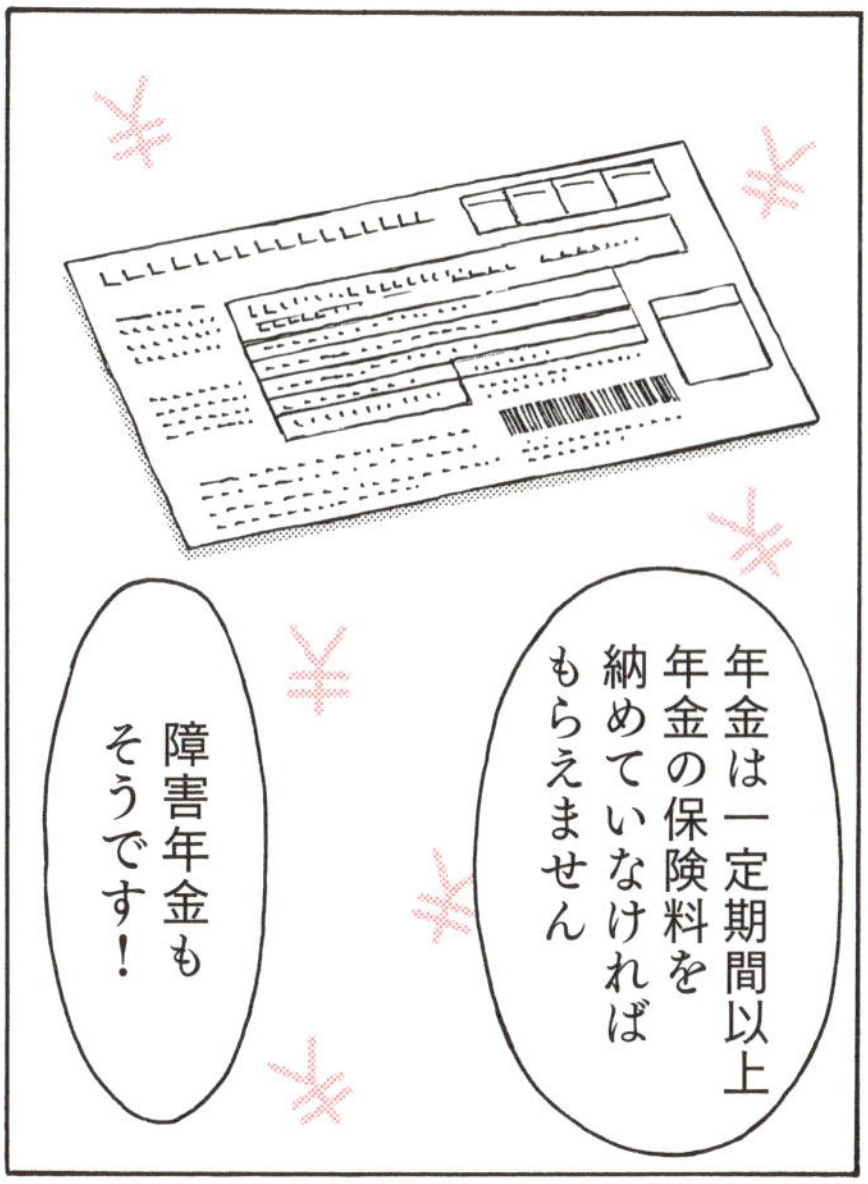

A　初診日の前日において、初診日がある月の２ヵ月前までの被保険者期間で、年金保険料の納付済期間と保険料免除期間があわせて３分の２以上あること

または

B　初診日において65歳未満で、初診日の前日において初診日がある月の２ヵ月前までの直近１年間に保険料の未納期間がないこと

➡138ページ参照

ただし！

20歳前の公的年金制度に加入していない期間に初診日がある場合、この要件②は問われません

ただし！

・１年６ヵ月以内にそれ以上の回復が見込めなくなった場合は、その日が障害認定日です（「症状が治った［固定した］日」と呼ばれます）
・障害認定日以後に20歳になる人は、20歳に達した日が障害認定日です

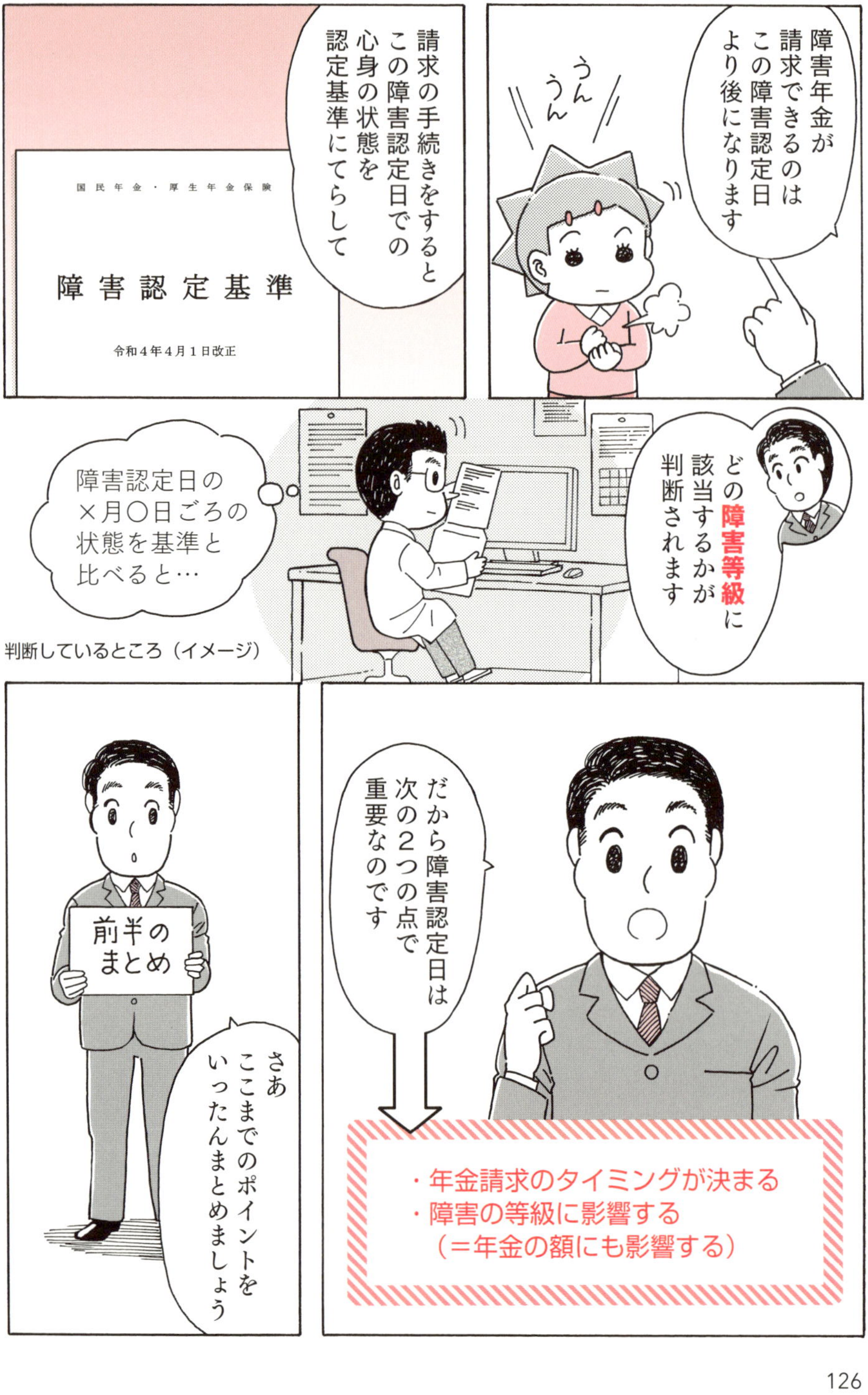
障害年金が請求できるのはこの障害認定日より後になります
うんうん
請求の手続きをするとこの障害認定日での心身の状態を認定基準にてらして
国民年金・厚生年金保険
障害認定基準
令和4年4月1日改正
どの障害等級に該当するかが判断されます
障害認定日の×月○日ごろの状態を基準と比べると…
判断しているところ（イメージ）
だから障害認定日は次の2つの点で重要なのです
・年金請求のタイミングが決まる
・障害の等級に影響する
（＝年金の額にも影響する）
前半のまとめ
さあここまでのポイントをいったんまとめましょう

次の3つすべてに該当する人が障害年金を受給できます

障害年金　受給のための3つの要件

要件①　初診日
初診日が確定すると「該当する障害年金」「障害認定日」が決まります。（なお、20歳前に初診日がある人は要件②を問われません）

要件②　保険料の納付
障害年金を受給するには、年金保険料を納付した期間（または手続きをして納付を免除された期間）が一定以上必要です

要件③　障害状態
障害年金は、障害認定日の時点での本人の心身の状態がいずれかの等級に該当する人に給付されます

……
ボン
長くなったので1つだけ外せないポイントを説明して終わりにしますね
それがこちら!!

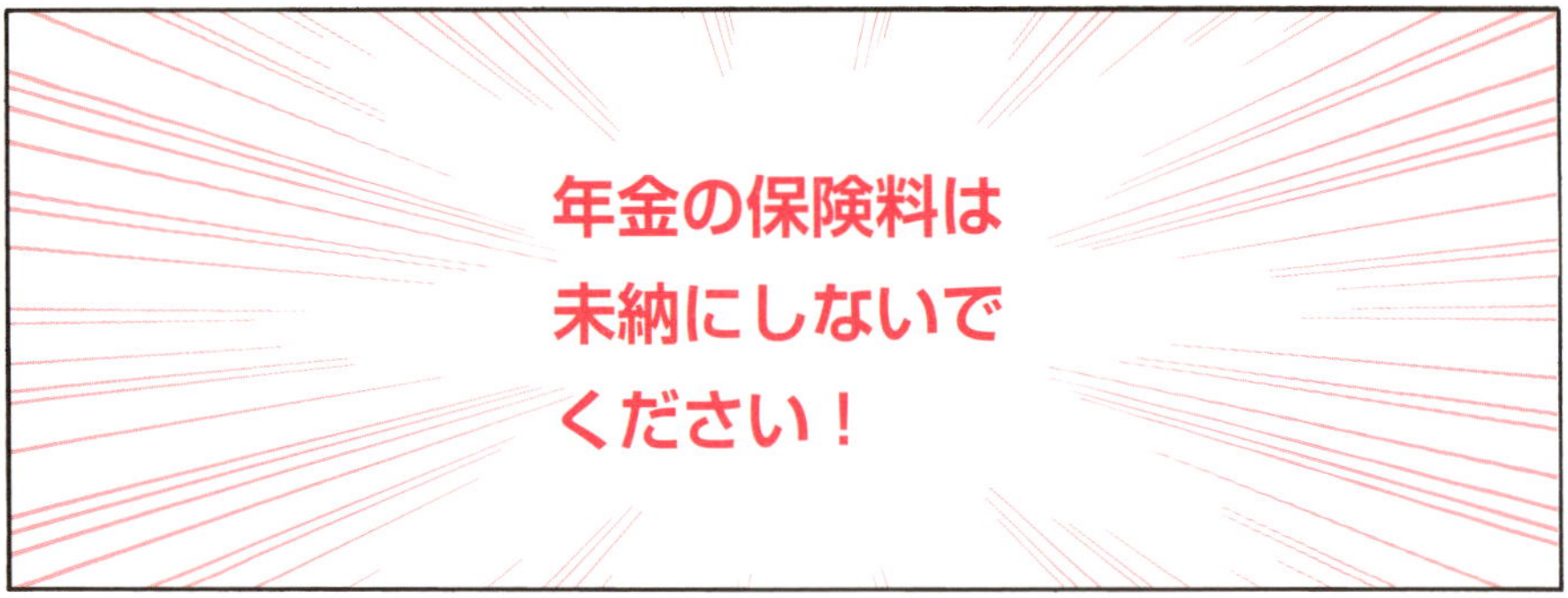
年金の保険料は未納にしないでください！

世の中にはいろいろな事情で年金の保険料を納めない人や納められない人がいます
イヤだから払わない
国は信用できん！老後なんか待たず今つかう！
経済的に困っている
生活が苦しい…保険料が払えない…
忘れている・自覚がない
年金？保険料？ぼくに関係あるの？

精神疾患・発達障害のあるお子さんがいる家庭の場合
払ってくれー！
本人は年金制度を知らず親も忙しくて子どもが20歳になっても年金のことまで頭が回らなかった——
というケースが結構あるんですよ

しかし！
保険料の未納があまりにも多いと障害年金を生涯受給できなくなってしまいます!!
ヤバイ……
未納だらけ
注
えーっ！後で払うのはダメなの!?
追納（後払い）は可能ですが制約があります
じゃあお金がなくて保険料を納められない人はどうすればいいの～!?
こういった制度を利用して未納の期間をつくらないようにしてください
・保険料の免除
・納付猶予
・学生納付特例
➡詳しくは146ページ参照

免除や猶予なども
申請しなければ受けられないので
注意してくださいね
障害年金が一生
使えなくなるって
コワいですね〜
そうなんです
いつ・誰が・どんな病気で
働けなくなり
障害年金が必要になるか
わかりません
子どもが年金の
保険料を納めているか
未納!
?
ムスコ
保険料を納めていない場合は
免除・猶予などを受けているか
今日にでも確認
してみてください

ヤバい
息子任せにしていて
年金をちゃんと
納めているか
確認してなかった
うちも確認しよ！
以上が制度のあらましです
次章ではいよいよ
請求の手続きに
入っていきます
そこでより一層
「障害年金を知ること」
の大切さがわかる
と思いますよ
はい　青木先生
引き続きよろしく
お願いします
次章へ続く

公的年金制度とは

日本の年金制度ってどうなってる？

年金はお年寄りだけがもらうもの、と思っている人がいるかもしれませんが、実は公的年金制度で年金の支給対象になるのは、高齢者だけではありません。たとえば、家計を支えてくれていた大黒柱を失ってしまった人は「遺族年金」の対象となることがあります。

そして病気やケガなどで障害を負ってしまい、日常生活や仕事が制限を受けるようになった人を対象とするのが、この章のテーマである「障害年金」です。

我が国では、20歳以上60歳未満の人は原則として誰もが公的年金制度に加入する「国民皆年金制度」がとられています。加入できる年金はその人の立場により異なりますが、全体としては、共通のベースである国民年金（基礎年金）に厚生年金保険が上乗せされるかたちなので、よく「二階建て」の構造をしていると言われます（次ページの図を参照）。

以上のほか任意加入の私的年金を合わせて「三階建て」と表現する場合もありますが、直接はテーマに関係しないので本書では省略しています。

公的年金制度とその加入者の区分

国民年金（基礎年金）に加入する第１号、第３号被保険者は「基礎年金」の支給対象です。第２号被保険者は厚生年金保険にも加入しており、国民年金に厚生年金保険分を上乗せした「厚生年金」の対象となっています。

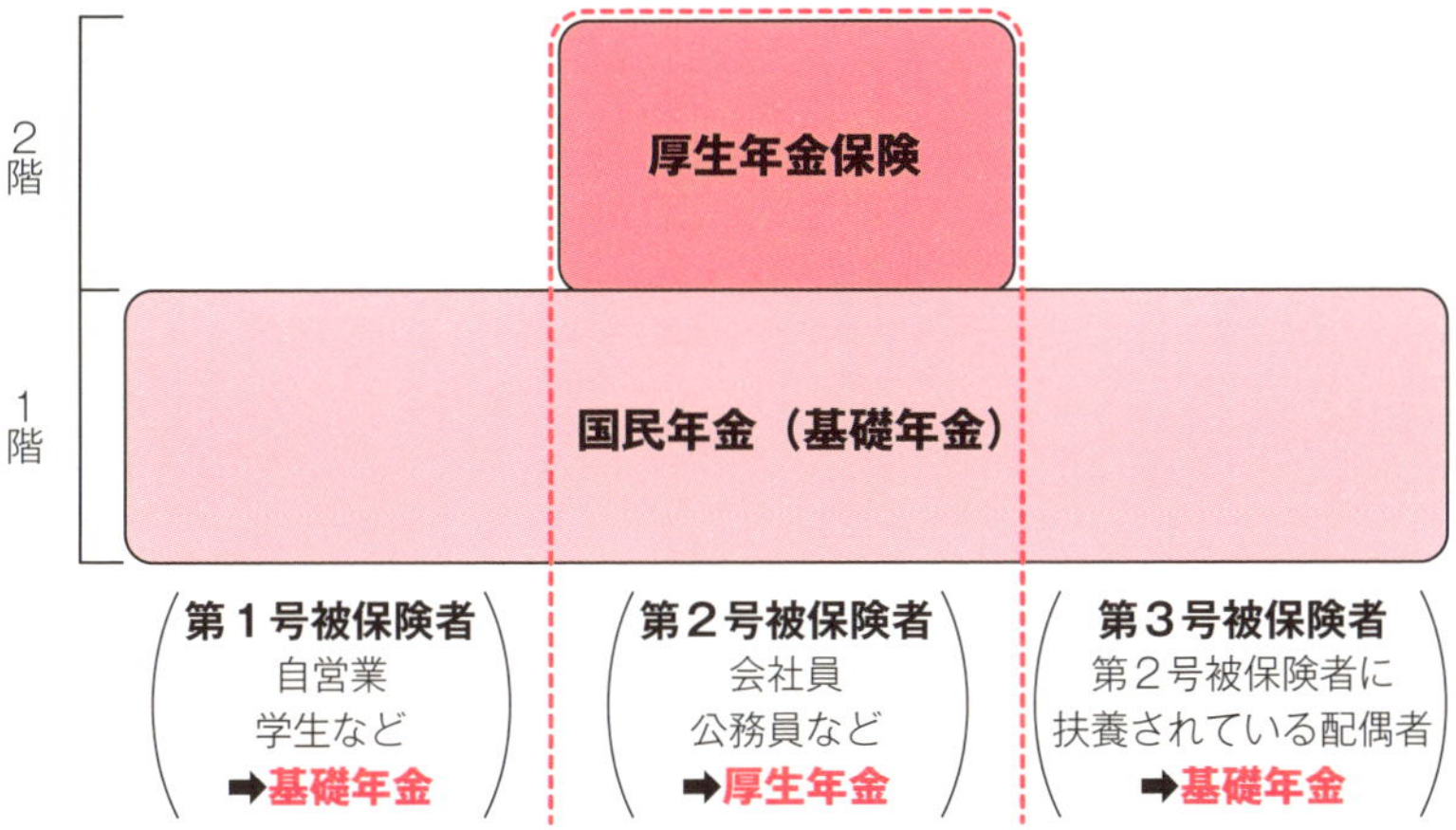

支給事由も含めて見た公的年金の種類

支給事由による区分	基礎年金 第１号、第３号被保険者が対象	厚生年金 第２号被保険者が対象
老齢年金	**老齢基礎年金** 保険料を納めた期間などに応じた額	**老齢厚生年金** 保険料を納付した期間や賃金に応じた額
遺族年金	**遺族基礎年金** 老齢基礎年金の満額に子の数に応じて加算した額	**遺族厚生年金** 亡くなった方の老齢厚生年金の４分の３の額
障害年金	**障害基礎年金** 障害等級に応じた額（子がいる場合は加算あり）	**障害厚生年金** 賃金や加入期間、障害等級に応じた額

障害年金とは

障害年金でいくらもらえる？

障害年金も、他の年金と同様、基礎年金（障害基礎年金）と厚生年金（障害厚生年金）の「二階建て」です（次ページの図を参照）。受給者数は増加傾向にあり、2022年度末の時点では236万人が受給しています（障害基礎年金は210万人、そのうち障害厚生年金保険もあわせて受け取っているのは32万人）。

障害基礎年金は障害の重さ（障害等級）に応じて受け取れる年額が決まります。受給している人に子どもがいる場合は、そのぶん加算がつきます（「子の加算」と呼ばれます）。

障害厚生年金は、障害の重さとともに、賃金や年金制度への加入期間の長さに応じて額が決まります*。また、受給している人に配偶者がいる場合は増額されます（「配偶者の加給年金」と呼ばれます）。

なお、障害厚生年金には障害が3級より軽い人を対象とする「障害手当金」があり、要件や手続きはおおむね同じですが、精神疾患・発達障害で該当することは、ほぼありません。

＊加入期間が300月に満たない場合は加入期間を300月とみなして計算されます

障害年金の等級ともらえる金額

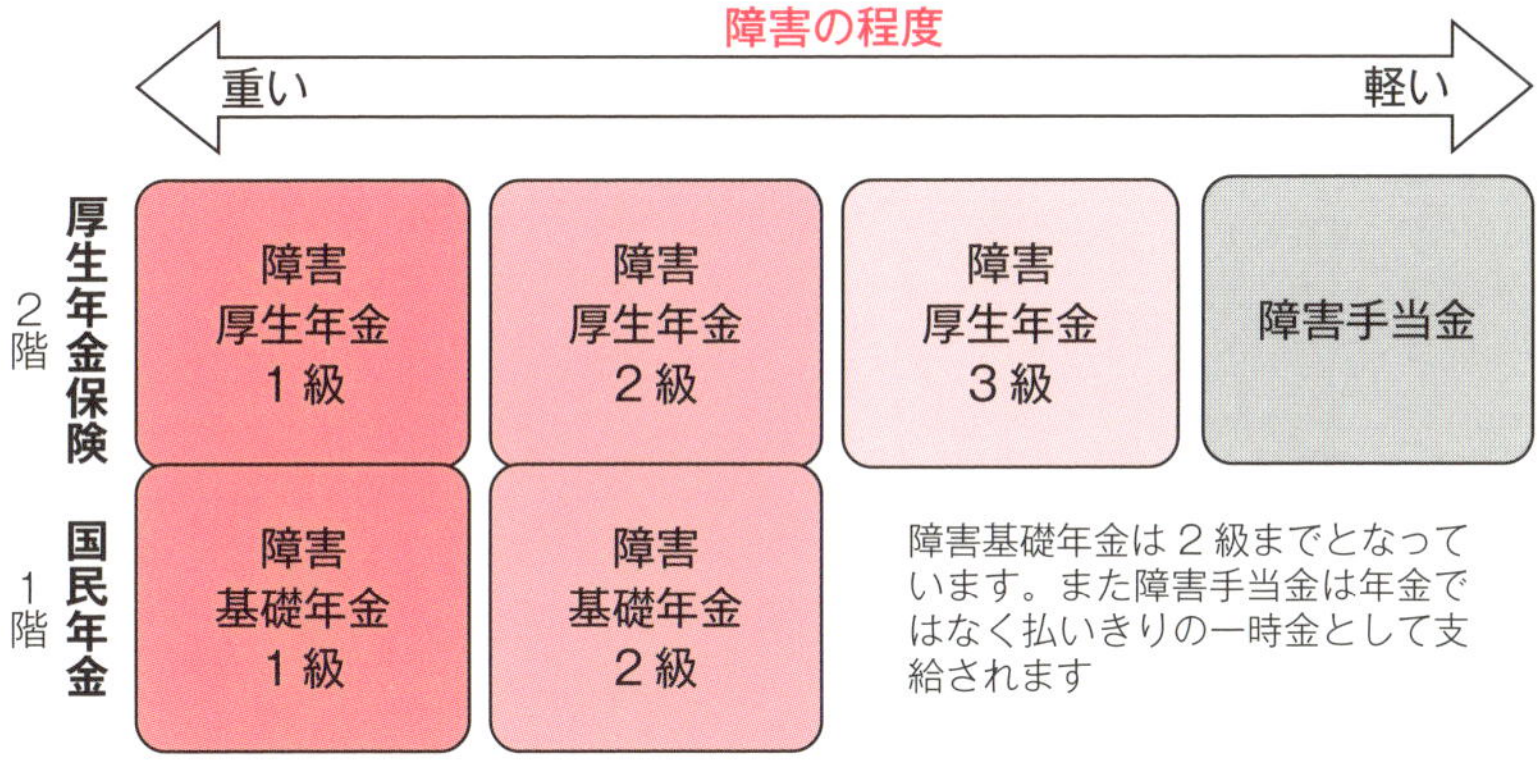

もらえる年金（年額）

障害手当金は払い切りの一時金です

障害基礎年金１級	102万円＋子の加算
障害基礎年金２級	81万6000円＋子の加算
障害厚生年金１級	障害基礎年金１級＋報酬比例の年金額×1.25 ＋配偶者の加給年金
障害厚生年金２級	障害基礎年金２級＋報酬比例の年金額＋配偶者の加給年金
障害厚生年金３級	報酬比例の年金額（最低保障額61万2000円）
障害手当金	報酬比例の年金額×２（最低保障額122万4000円）

＊1956年4月2日以降に生まれた人の場合。子の加算、配偶者の加給年金は該当者のみ

所得制限がつく場合もある

障害年金に所得制限はありません。ただし、20歳前に初診日があり、年金の保険料を納付していなくても障害基礎年金が受給できる人には所得制限がつき、前年度の所得が472万1000円を超える場合は全額が支給停止に、370万4000円を超える場合は半分が停止となります（受給者に扶養家族がいる場合は上限が緩和されます）。

受給の要件①

初診日とはなにか？

初診日とは、障害の原因となった病気、ケガなどの症状で「初めて医師などの診察を受けた日」のことです。同一の障害で転医（医師が替わること）があった場合は、いちばん初めの医師の診察を受けた日が初診日となります。

「診断が出た日ではない」という点がポイントで、精神疾患・発達障害の場合は、本人や家族が思っていたより早い日が初診日になるケースもあります（次ページの囲みを参照）。

なお、障害によっては次のように初診日が決められています。

知的障害　先天性の知的障害は出生日が初診日です。頭部外傷や高熱など後天的な原因で知的障害を負った場合は、原則として初めて医療機関を受診した日が初診日となります。

発達障害　自覚症状があって初めて診療を受けた日が初診日です（発達障害は生まれつきのものとされていますが、たとえば25歳で発達障害の症状で初めて受診した人は、25歳のその日が原則として初診日になるということです）。

初診日がなぜ重要なのか

初診日がわかると、後述する「障害認定日」が決まります。また、自分がどの障害年金に該当するのか決まるので大切です。

障害基礎年金
に該当

●初診日が国民年金加入期間にある人*
●初診日が年金制度に加入していない20歳前の期間にある人

障害厚生年金
に該当

●初診日が厚生年金保険の加入期間にある人

*また、国民年金の被保険者であった人で、日本国内に住んでいる60歳以上65歳未満の期間に初診日がある人も障害基礎年金に該当します

精神疾患・発達障害の初診日には注意が必要

精神疾患・発達障害の場合、本人や家族が「この症状は身体の病気によるものだ」と思い込んで内科や耳鼻咽喉科などを受診していることがあります。

たとえば、20歳を過ぎて就職後に統合失調症で初めて精神科にかかった会社員がいました。彼は、精神科にかかった日が初診日で、だから自分は障害厚生年金に該当すると考え、年金を請求したのですが国民年金の保険料に多くの未納期間があり却下されました。

ところがその後、10代の頃から「変な音が聞こえる」という症状があり、耳の病気だと思って別の医師を受診していたのを家族が思い出します。そこで耳を診てくれた病院へ行くとカルテが残っており、医師も音は統合失調症の症状（幻聴）であると認め、初診日を証明する書類を書いてくれたので、障害基礎年金を請求し受給できました。このように初診日が〝変わる〟ケースもあるのです。

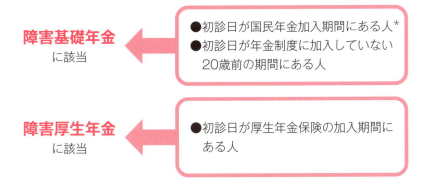

受給の要件②

保険料の納付要件とはなにか？

障害年金には「保険料の納付要件」があります（先に書いておくと、20歳前に初診日がある人は、この納付要件は問われません）。

マンガでも少しだけ触れましたが、138〜141ページで紹介するAかBのどちらかひとつを満たしていれば、納付要件を満たしたことになります。ひとつめは次のような要件で、「3分の2要件」と呼ばれます。

A　3分の2要件

初診日の前日において、初診日がある月の2ヵ月前までの被保険者期間❶で、年金の保険料納付済期間と保険料免除期間を合わせた期間が3分の2以上あること❷

この文章はとても複雑なので、次ページで細かく図解します。参考にしてください。

「3分の2要件」を読み解く

2022年５月に20歳を迎え、2023年９月に初診日がある人を例に考えます。初診日が９月15日の場合、９月14日の時点で次のようになっていれば３分の２要件を満たしたことになります。

❶初診日がある月の２ヵ月前までの被保険者期間で

初診日がある2023年９月の２ヵ月前にあたる、2023年７月以前の被保険者期間が問題になります。

❷年金の保険料納付済期間と保険料免除期間を合わせた期間が３分の２以上ある

20歳になった2022年５月から翌年７月までの15ヵ月間のうち、３分の２（つまり10ヵ月）以上の期間が未納でなければ要件を満たせています。

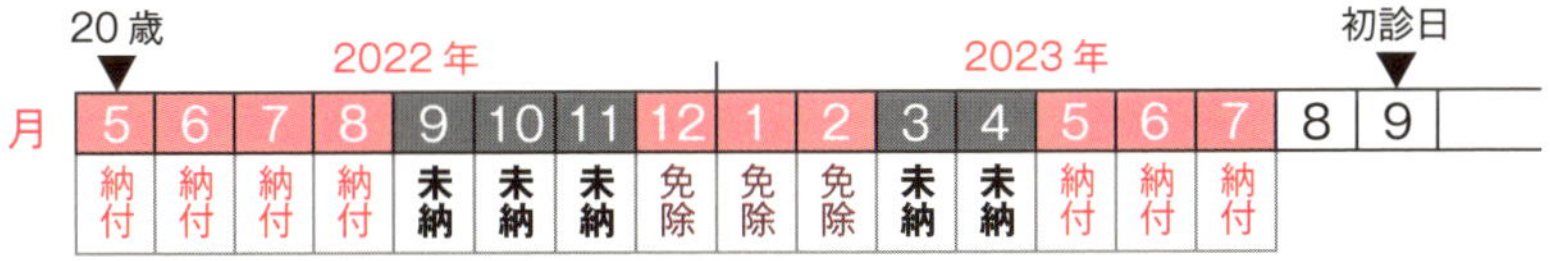

未納期間が１ヵ月増えただけですが、下の場合は３分の２要件を満たせていないことになります

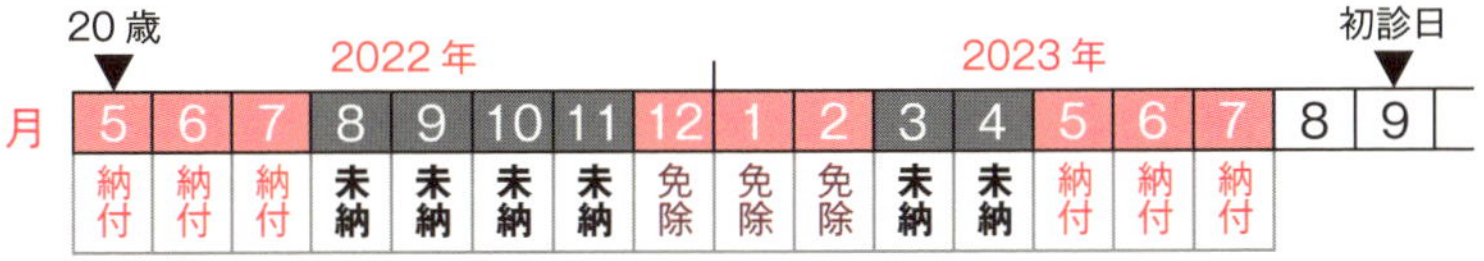

次ページにつづく

障害年金のもうひとつの保険料の納付要件は、正確には次のようなもので、略して「直近1年要件」と呼ばれます。Aの代わりにこちらのBだけを満たしていても構いません。もともとは時限措置として設けられたものでしたが、延長をくり返し現在に至っています。

B　直近1年要件（初診日が令和8年〔2026年〕3月末日までにあるとき）
・初診日において65歳未満であること
・初診日の前日において、初診日がある月の2ヵ月前までの直近1年間に保険料の未納期間がないこと

未納がないようにすることが大事

保険料の納付要件でポイントになるのは「未納」の有無です。未納があると、障害年金の制度ではかなり不利になります。

年金の保険料は、申請して認められれば免除、納付猶予などを受けられます（章末のコラム参照）。手続きをして免除、納付猶予などを受けた期間は、障害年金では保険料を納付した期間とほぼ同じ扱いとなり、未納にはなりません。事情があって保険料を納められない人は、必ず免除や猶予などの手続きをしておいてください。

「直近1年要件」を読み解く

2022年５月に20歳を迎え、2023年９月に初診日がある人を再び例にして考えます。初診日が９月15日の場合、９月14日の時点で以下のようになっていれば直近１年要件を満たしたことになります。

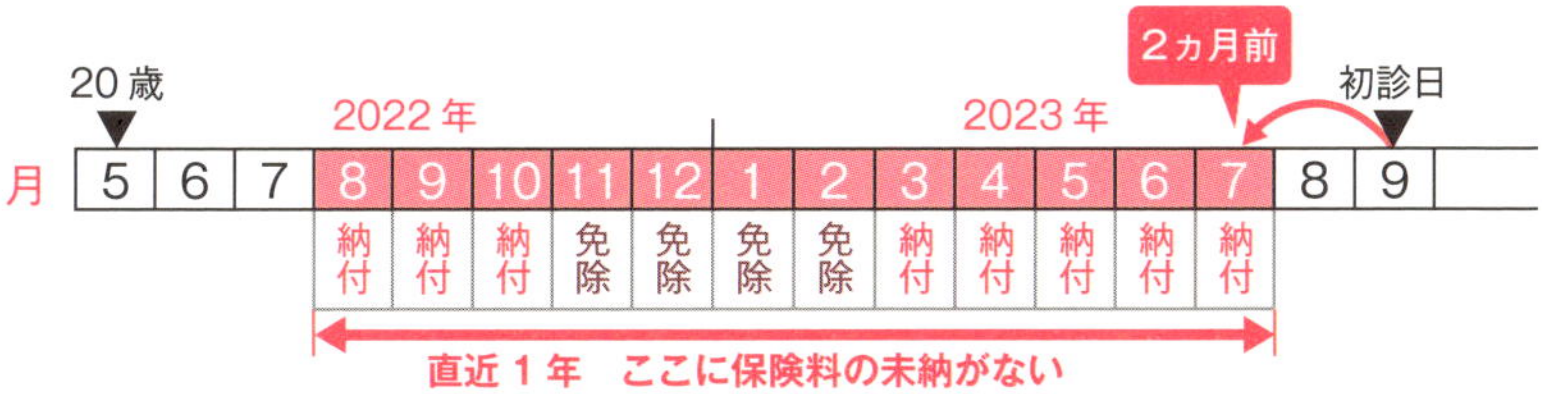

下の図のような場合は、未納が１ヵ月あるだけですが直近１年要件を満たせていないことになります

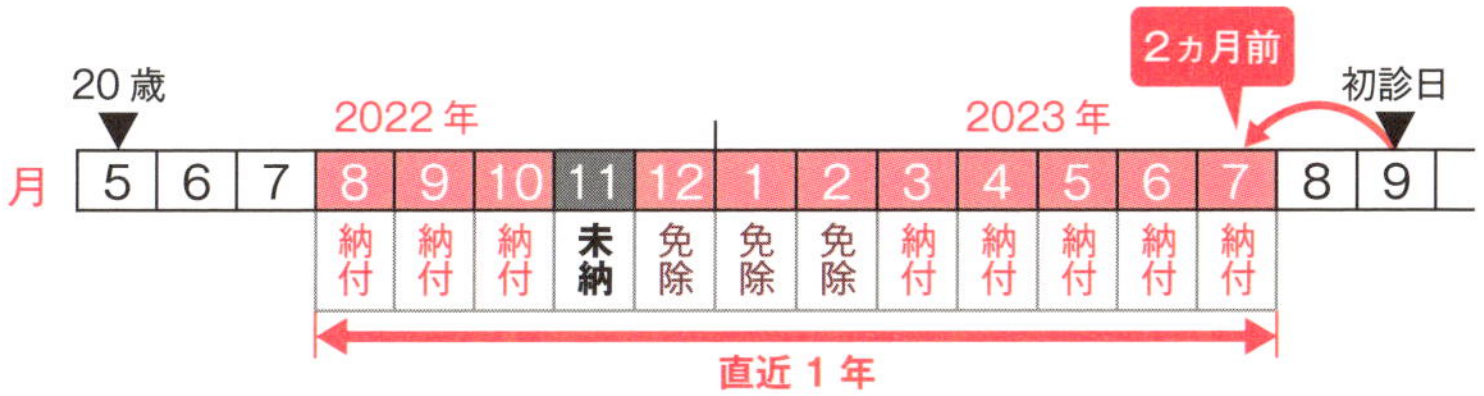

「精神科を受診する前に納付」は通用するか

保険料の納付要件は「初診日の前日において」となっていることから、理屈のうえでは「精神疾患・発達障害の疑いで受診する前日」に追納（後払い）すれば、未納が多くても要件を満たせる可能性はあります。ですが、納付期限から２年を過ぎてしまった保険料は追納できません。また、そもそも受診が必要なほど体調が悪いなか追納を実行できる人が、果たしてどれだけいるかは疑問です。普段からきちんと保険料を納めておくか、免除などの手続きをしておいたほうがよほど賢明と言えるでしょう。

受給の要件③

障害状態要件とはなにか？

障害年金をもらうには、障害認定日において、心身の状態が障害等級表のいずれかに該当している必要があります。これが「障害状態要件」です。

障害認定日とは

単に「認定日」とも呼ばれます。基本的には初診日（136ページ参照）から1年6ヵ月を過ぎた日のことですが、本人の年齢などにより決め方が変わります（次ページ参照）。障害年金の等級は、この障害認定日の時点での心身の状態をもとに判定されます。

疾患やケガは時間とともに軽快する場合があるので、基本的に初診日から一定期間をおいたあとの状態をもとにするわけです。

障害認定日が早まる場合

症状が固定し回復が見込めなくなった場合は、1年6ヵ月を過ぎていなくてもその日が障害認定日となります。たとえば事故で脚を失った人は、基本的に脚を失った日が障害認定日です。症状が固定したこの日を、制度上「治った日」と呼びます。

「障害認定日」はどのように決まるか

基本は１年６ヵ月後

原則は、初診日から１年６ヵ月を過ぎた日が障害認定日です。

例　21歳に初診日がある人の場合

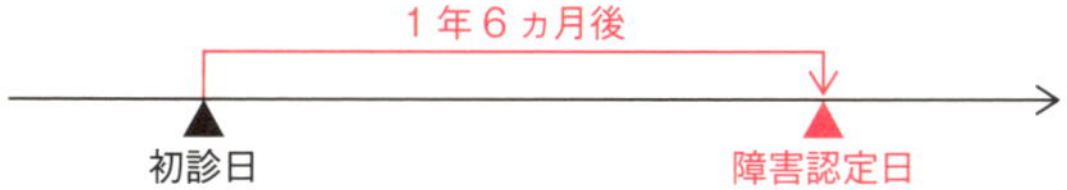

20歳より前に初診日がある場合

20歳前に初診日がある人は、初診日から１年６ヵ月過ぎた日が20歳になる前にあるかどうかで変わります。

例　19歳に初診日がある人の場合

➡初診日から１年６ヵ月を過ぎた日が障害認定日になります

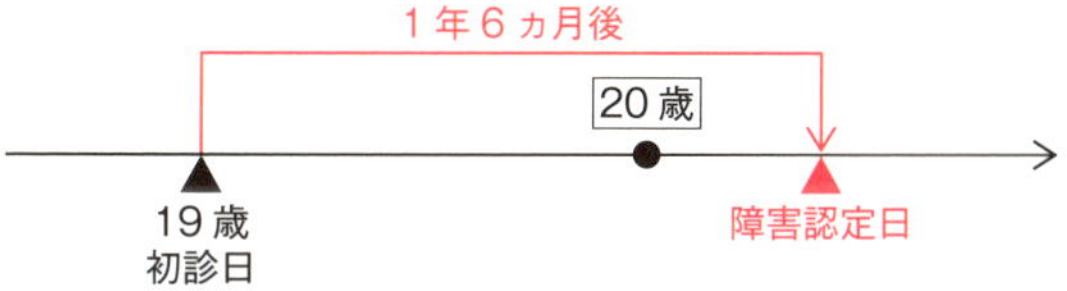

例　10歳に初診日がある人の場合

➡初診日から１年６ヵ月過ぎた時点が20歳前の場合は「20歳」です

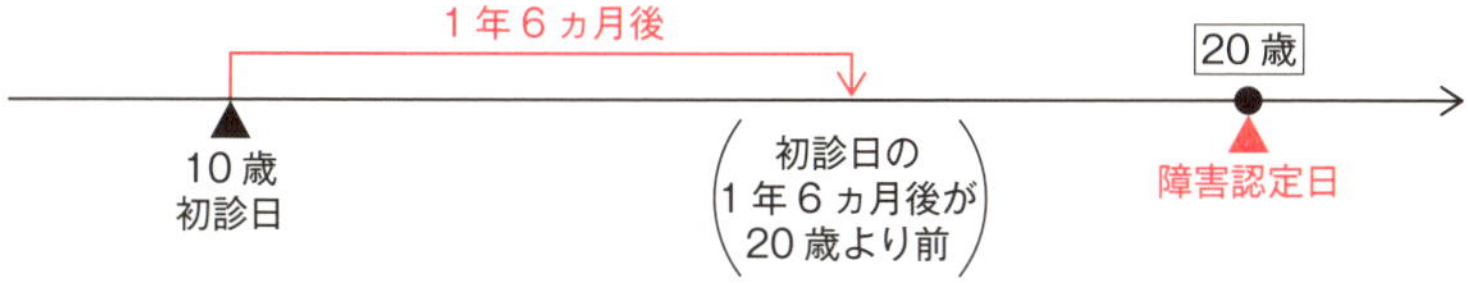

次ページにつづく

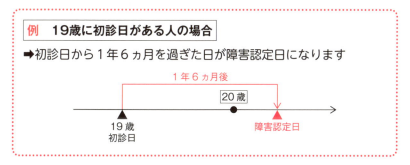

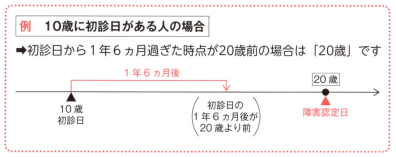

障害等級表とは

障害年金の等級は135ページで紹介しましたが、障害等級表とは、どんな状態の人がどの等級に該当するかの基準を示した、障害年金制度独自の一覧表のことです。

障害年金では、障害は「障害認定基準」にもとづいて19に区分されています。そしてそれぞれの障害について、各等級（1～3級）にあてはまる状態の目安を示したのが「障害等級表」なのです（精神疾患・発達障害は「精神の障害」に含まれます）。

各等級にあてはまる状態は、おおむね次ページの通りとされています。

結局「障害状態要件」とは何か

以上、障害認定日と障害等級表について説明しましたが、障害状態要件とは、「初診日から1年6ヵ月後の状態が、いずれかの等級にあてはまること」とまとめられるでしょう。

精神疾患・発達障害と障害手当金

障害手当金は、障害の症状が５年以内に「治った」人（つまり症状が固定しそれ以上の回復が望めない人）をおもな対象としています。精神疾患・発達障害は障害等級表のなかに障害状態が記載されており、障害手当金の対象から除外されてはいません。しかし症状に波があり基本的に固定しないという特徴があるため、障害手当金が支給されるのは極めて稀です。

障害認定基準に定められている障害の種類

障害者手帳の区分は「身体」「知的」「精神」の３つでしたが、障害年金では知的障害と精神障害は同一区分です。制度が異なるのでこのようなことが起こります。

①眼の障害
②聴覚の障害
③鼻腔機能の障害
④平衡機能の障害
⑤そしゃく･嚥下機能の障害
⑥音声又は言語機能の障害
⑦肢体の障害
⑧精神の障害 ← 障害年金ではこの１つの区分のなかに精神疾患、知的障害、発達障害すべてが含まれる
⑨神経系統の障害
⑩呼吸器疾患による障害
⑪心疾患による障害
⑫腎疾患による障害
⑬肝疾患による障害
⑭血液・造血器疾患による障害
⑮代謝疾患による障害
⑯悪性新生物による障害
⑰高血圧症による障害
⑱その他の疾患による障害
⑲重複障害

障害等級の目安

「障害等級表」の記述は難しいので、日本年金機構が役所の担当者向けに発行している「かけはし別冊　障害年金講座（基本事項）」という資料から目安になる例を一部改編して引用します。

障害等級１級　統合失調症、気分（感情）障害、てんかん、知的障害、発達障害などによる障害で、日常生活の用が独力では困難な状態

障害等級２級　統合失調症、気分（感情）障害、てんかん、知的障害、発達障害などによる障害で、日常生活が大きな制限を受けている（または制限を受けざるを得ない）状態

障害等級３級　統合失調症、気分（感情）障害、てんかん、知的障害、発達障害などによる障害で、労働に大きな制限を受けている（または受けざるを得ない）状態

国民年金保険料の免除・猶予制度のあらまし

経済的に国民年金保険料の納付が難しい場合、「国民年金保険料免除・納付猶予制度」を利用すれば未納をつくらずに済みます。おもな制度の要点を紹介しておきましょう。

保険料免除制度（申請免除）　納付が一定の期間不要または減額になる

20歳以上60歳未満で、本人・世帯主・配偶者の前年所得が一定額以下の人や、失業した人が対象となります。免除額は「全額」「半額」など４パターンあり、所得に応じて決まります。ただし、将来もらえる老齢年金の額は、保険料を全額納付した場合と比べて少なくなります*。

保険料納付猶予制度　保険料の納付を待ってもらえる

20歳以上50歳未満で、本人・配偶者の前年所得が一定額以下の人が対象となり、最長10年納付が猶予されます。

20歳以上の学生には「学生納付特例制度」があります。前年所得が一定額以下の人が対象で、在学中（最長10年）の納付が猶予されます。

いずれの猶予を受けた場合でも、将来老齢基礎年金を受け取る際、猶予期間分は年金額に反映されません。ただし、年金の受給資格期間には反映されるので、とても意義深い制度だと言えます。

免除・猶予が認められた期間は未納期間には算入されません。また、免除・猶予になった保険料を10年以内に追納すれば、老齢基礎年金の年金額を増やすこともできます。

免除や猶予を希望する場合は、市区町村の役所の国民年金担当窓口か年金事務所に申請書と必要書類を提出します。審査で認められると免除・猶予となります。申請は本人が行い、原則として毎年度必要です。

＊すでに障害年金の1・2級を受給している人や、生活保護の生活扶助を受けている人は、その状況に該当することで国民年金保険料の支払いが免除になります（これを法定免除と言います）。

第7章

障害年金

（その2）

請求の準備と手続きの流れ

➡社労士については章末のコラムを参照

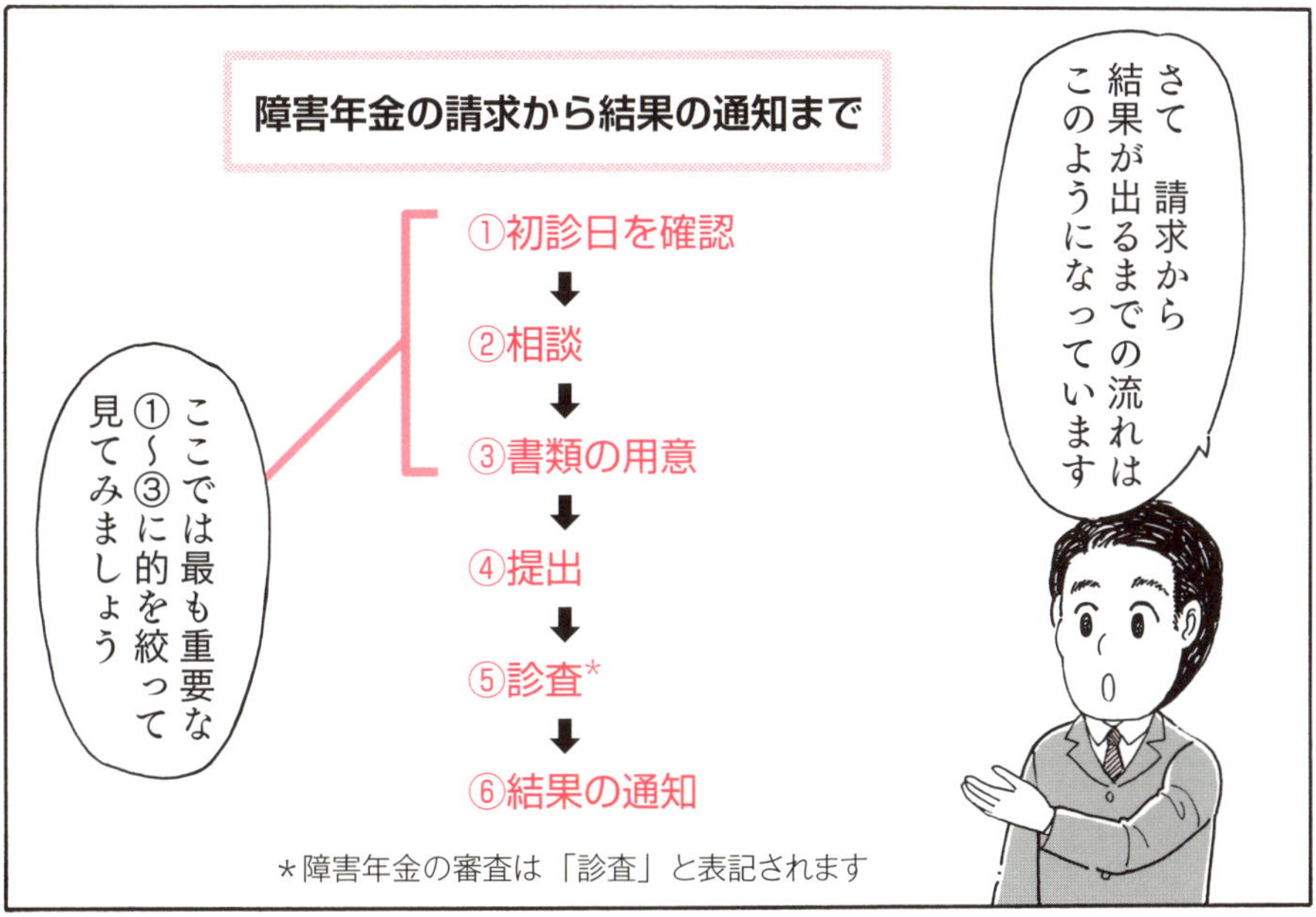
さて 請求から
結果が出るまでの流れは
このようになっています
障害年金の請求から結果の通知まで
①初診日を確認
②相談
③書類の用意
④提出
⑤診査*
⑥結果の通知
*障害年金の審査は「診査」と表記されます
ここでは最も重要な
①～③に的を絞って
見てみましょう

①初診日を確認
２０××年
×月×日
病院にも
確認して
みよ！
まずは前章で説明した
「初診日」を
確認する必要が
あります

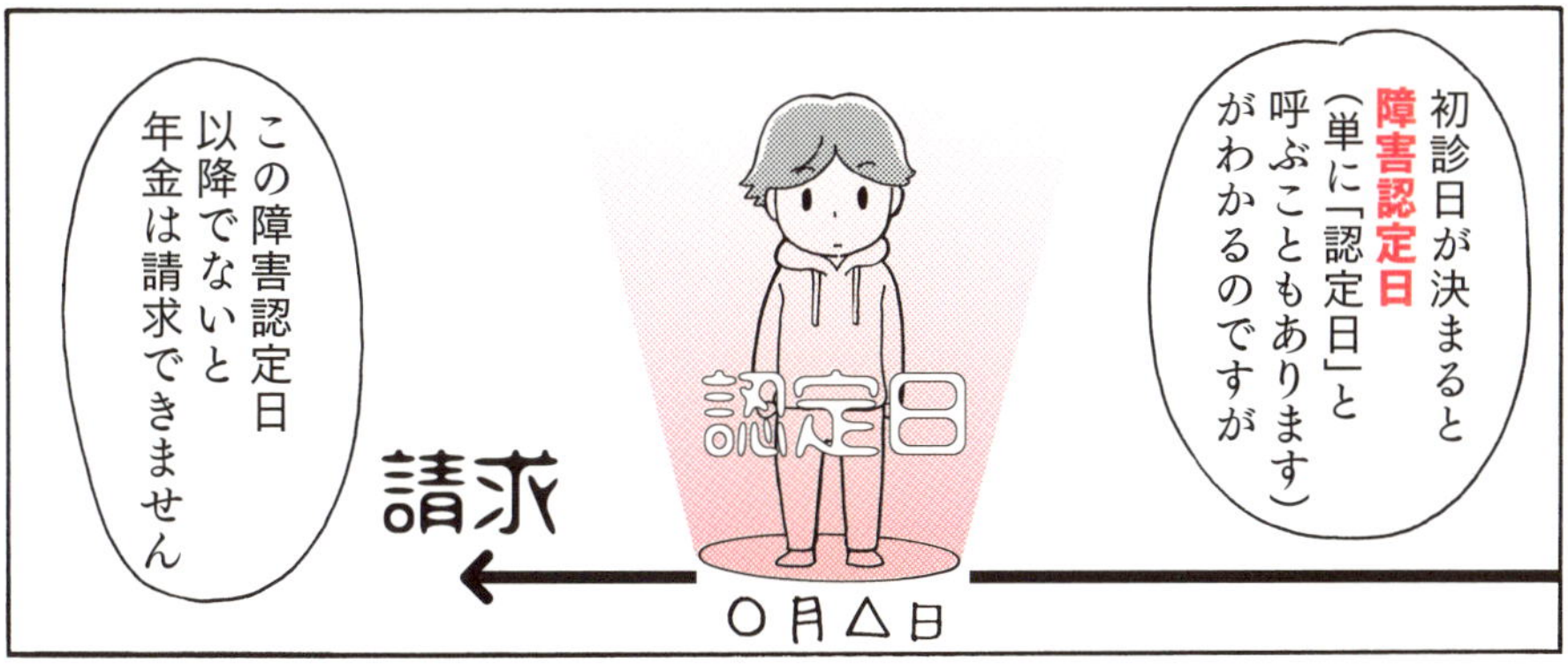
初診日が決まると
障害認定日
（単に「認定日」と
呼ぶこともあります）
がわかるのですが
認定日
請求
○月△日
この障害認定日
以降でないと
年金は請求できません

障害年金　請求の実務

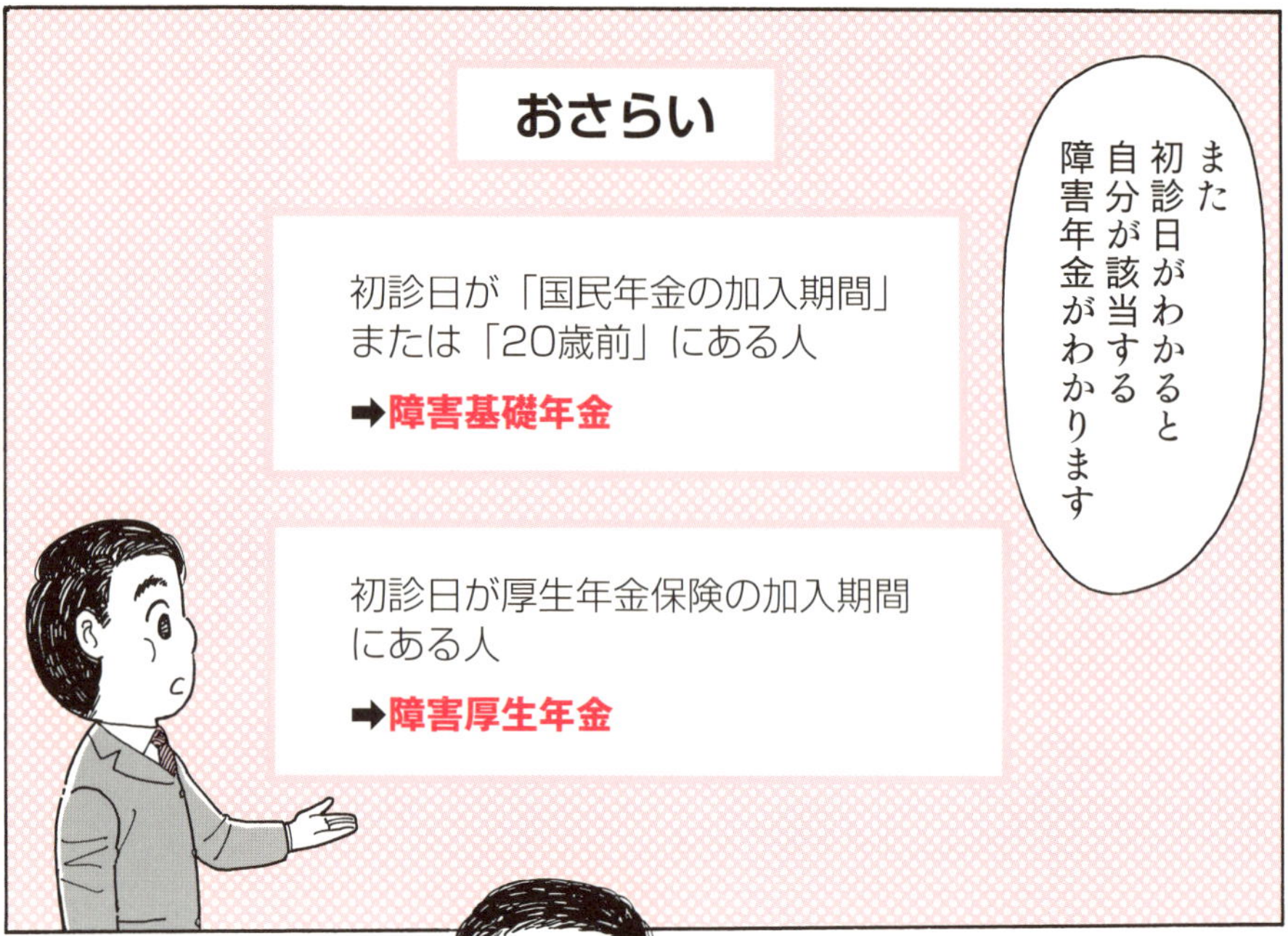
おさらい
初診日が「国民年金の加入期間」または「20歳前」にある人
➡障害基礎年金
初診日が厚生年金保険の加入期間にある人
➡障害厚生年金
また初診日がわかると自分が該当する障害年金がわかります

いずれに該当するかで担当窓口が異なります
ですからまず初診日を確認してほしいのです
初診日

②相談
初診日を確認したら相談に行きましょう
請求する年金により窓口が少し異なります
○○区
年金事務所

障害厚生年金

・近くの年金事務所
・街角の年金相談センター
・共済組合

障害基礎年金

・近くの年金事務所
・街角の年金相談センター
・住んでいる地域の役所

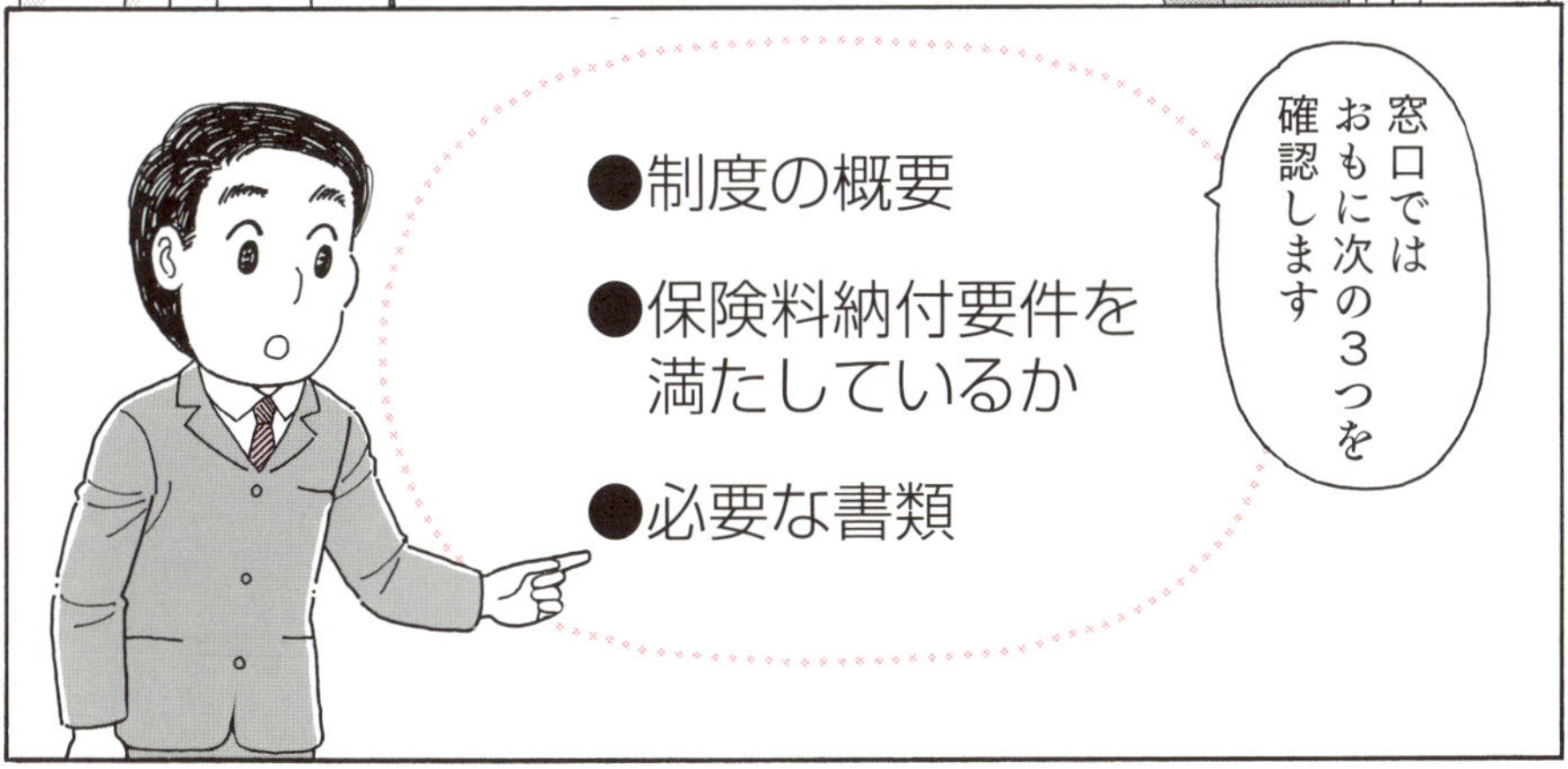

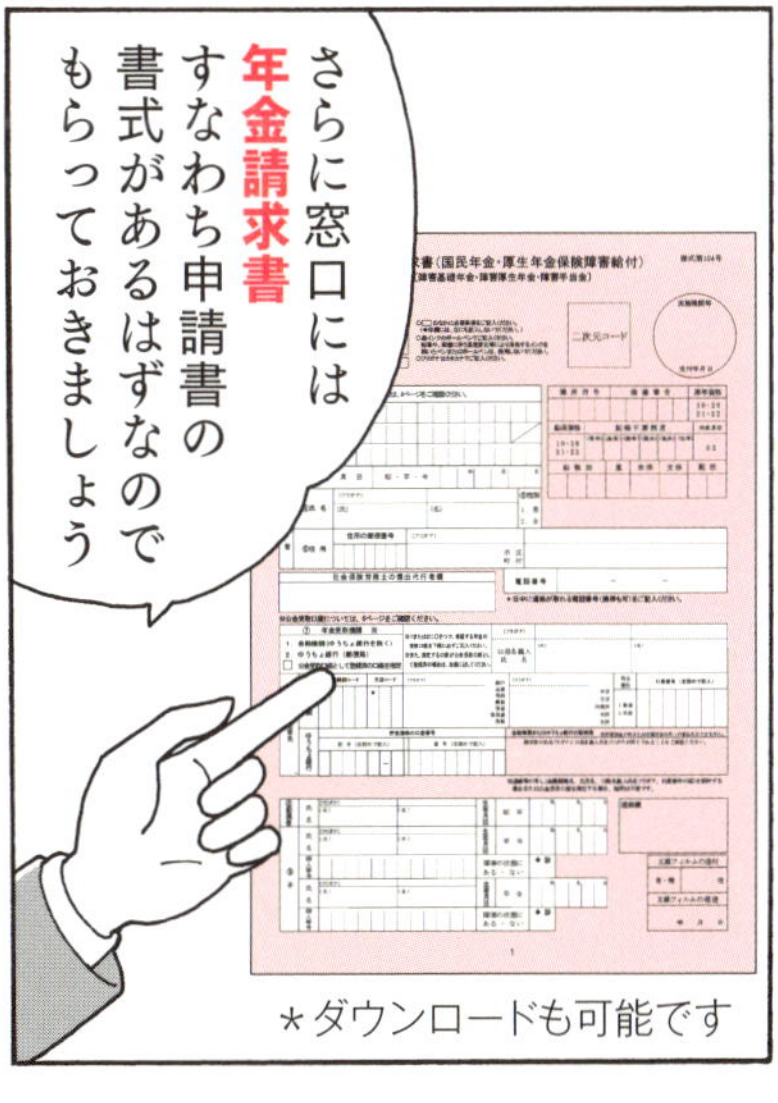

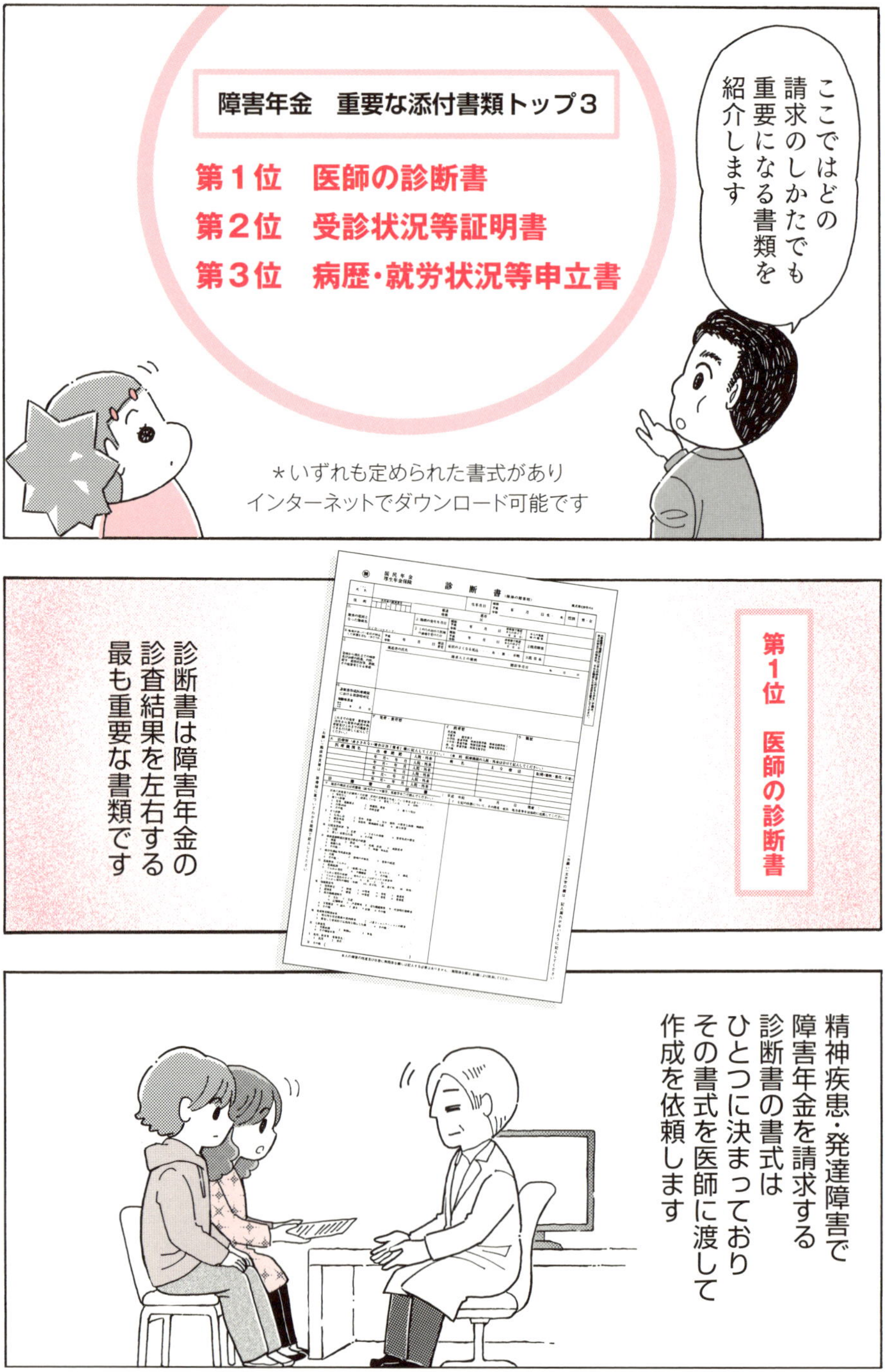
ここではどの請求のしかたでも重要になる書類を紹介します
障害年金　重要な添付書類トップ3
第1位　医師の診断書
第2位　受診状況等証明書
第3位　病歴・就労状況等申立書
＊いずれも定められた書式がありインターネットでダウンロード可能です
第1位　医師の診断書
診断書は障害年金の診査結果を左右する最も重要な書類です
診断書
精神疾患・発達障害で障害年金を請求する診断書の書式はひとつに決まっておりその書式を医師に渡して作成を依頼します

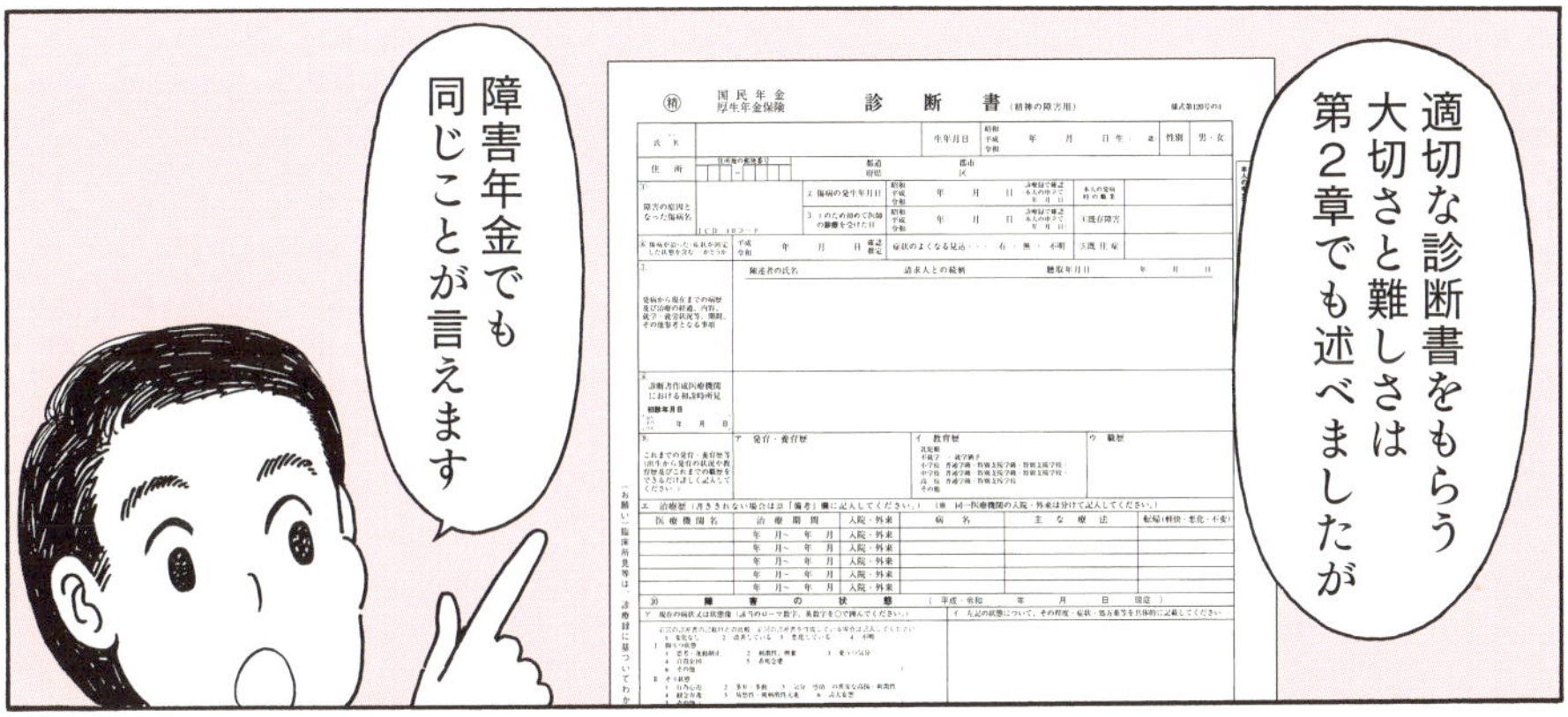
国民年金
厚生年金保険
診断書
適切な診断書をもらう大切さと難しさは第２章でも述べましたが
障害年金でも同じことが言えます

大事なのはこの３つです！
普段からちゃんと診察を受ける
こまめに医師に情報提供する
状況
もらった診断書は確認する

医療機関によってはソーシャルワーカーや看護師を通じて医師に情報提供ができるところもあります
そういうルートで医師に情報提供できる場合はぜひ使いましょう
看護師
ソーシャルワーカー
医師

なお この診断書を作成した医療機関と初診の医療機関が同じ場合は
次の第2位「受診状況等証明書」は提出不要です
第2位 受診状況等証明書
年金等の請求用
障害年金等の請求を行うとき、その障害の原因又は誘因となった傷病で初めて受診した医療機関の初診日を明らかにすることが必要です。そのために使用する証明書です。
受 診 状 況 等 証 明 書
① 氏 名
② 傷 病 名
③ 発 病 年 月 日 昭和・平成・令和 年 月 日
④ 傷病の原因又は誘因
⑤ 発病から初診までの経過
前医からの紹介状はありますか。⇒ 有 無 （有の場合はコピーの添付をお願いします。）
※診療録に前医受診の記載がある場合 右の該当する番号に○印をつけてください
1 初診時の診療録より記載したものです。
2 昭和・平成・令和 年 月 日の診療録より記載したものです。
⑥ 初 診 年 月 日 昭和・平成・令和 年 月 日
⑦ 終 診 年 月 日 昭和・平成・令和 年 月 日
⑧ 終診時の転帰（ 治癒・転医・中止 ）
⑨ 初診から終診までの治療内容及び経過の概要
⑩ 次の該当する番号（1～4）に○印をつけてください。
複数に○をつけた場合は、それぞれに基づく記載内容の範囲がわかるように余白に記載してください。
上記の記載は 1 診療録より記載したものです。
2 受診受付簿、入院記録より記載したものです。
3 その他（ ）より記載したものです。
4 昭和・平成・令和 年 月 日の本人の申し立てによるものです。
⑪ 令和 年 月 日
医療機関名 診療担当科名
所 在 地 医師氏名
（提出先）日本年金機構 （裏面もご覧ください。）
「受診状況等証明書」は初診日を証明するための書類です
これは障害の症状で初めて診察を受けた医療機関などで書いてもらいます
クリニック
なぜこれが重要なんですか？
いい質問です
初診日を確認してもそれを文書で証明できなければ障害年金を請求しても認められない可能性があります
だから重要なんです

注意してほしいのは闘病歴が長かったり引っ越したりして医師を替えた人です
主治医A
主治医B
主治医C
そういう人は受診状況等証明書を入手しようと思ったときこんな壁にぶつかることがあります
どこを受診したかはっきりしない
ん? A病院かな? B病院かな?
何年も経過していて断られた
5年以上前のカルテは破棄しましたもうありません
えええー!
医療機関が閉院していた
あれ!? なくなってる
クリニック
どうしたらいいんだろ…

こういう場合
障害年金は請求できなく
なっちゃうんですか!?
そんなことは
ありません
受診状況等証明書が
添付できない申立書
こういう名称の
書類を作成し
有力な資料を
添付すれば
請求はできます
「添付できない申立書」
の用意が難しい場合は
このような書類で
代替できますが
初診日に関する
第三者からの
申立書(第三者証明)
説得力で劣るのは
否めませんので
手続き上は不利に
なるでしょうね…
だから
早めに準備を
始めるのが
大事なんですね!

第3位　病歴・就労状況等申立書
最後のこの書類は障害がある本人または家族が書いて作成します
病歴・就労状況等申立書
病歴状況
傷病名
発病日
初診日
何を書くんですか？
障害を発症して以降の現在までの病歴 治療の経過 日常生活での困りごと などですね
日常生活での困りごと
治療の経過
現在までの病歴
うちの子の場合 発達障害の診断や適応障害の診断を受けたことや うつ症状が続いてることかな
これは簡単に書けそうですね
ところがそうでもないんですよ
その理由は後ほど説明するとして手続きの流れに戻りましょう

④提出
そろえた書類を窓口で提出します
（窓口については151ページ参照）
⑤診査
書類は日本年金機構の「障害年金センター」に送られ診査されます
⑥結果の通知
診査がスムーズに進むと請求から3ヵ月程度で結果が出ます
障害年金の支給が決まった場合は年金証書などがお手元に届きます
精神疾患・発達障害で障害年金が認められると1～5年の有期認定となります
期限前に更新手続きをする必要があるので注意してください
それにしても今回は書類の話ばっかりでしたね
そうなんです！障害年金は書類診査だけですべてが決まるんです

➡とっておくとよい書類はほかにも
あります。詳しくは173ページ参照

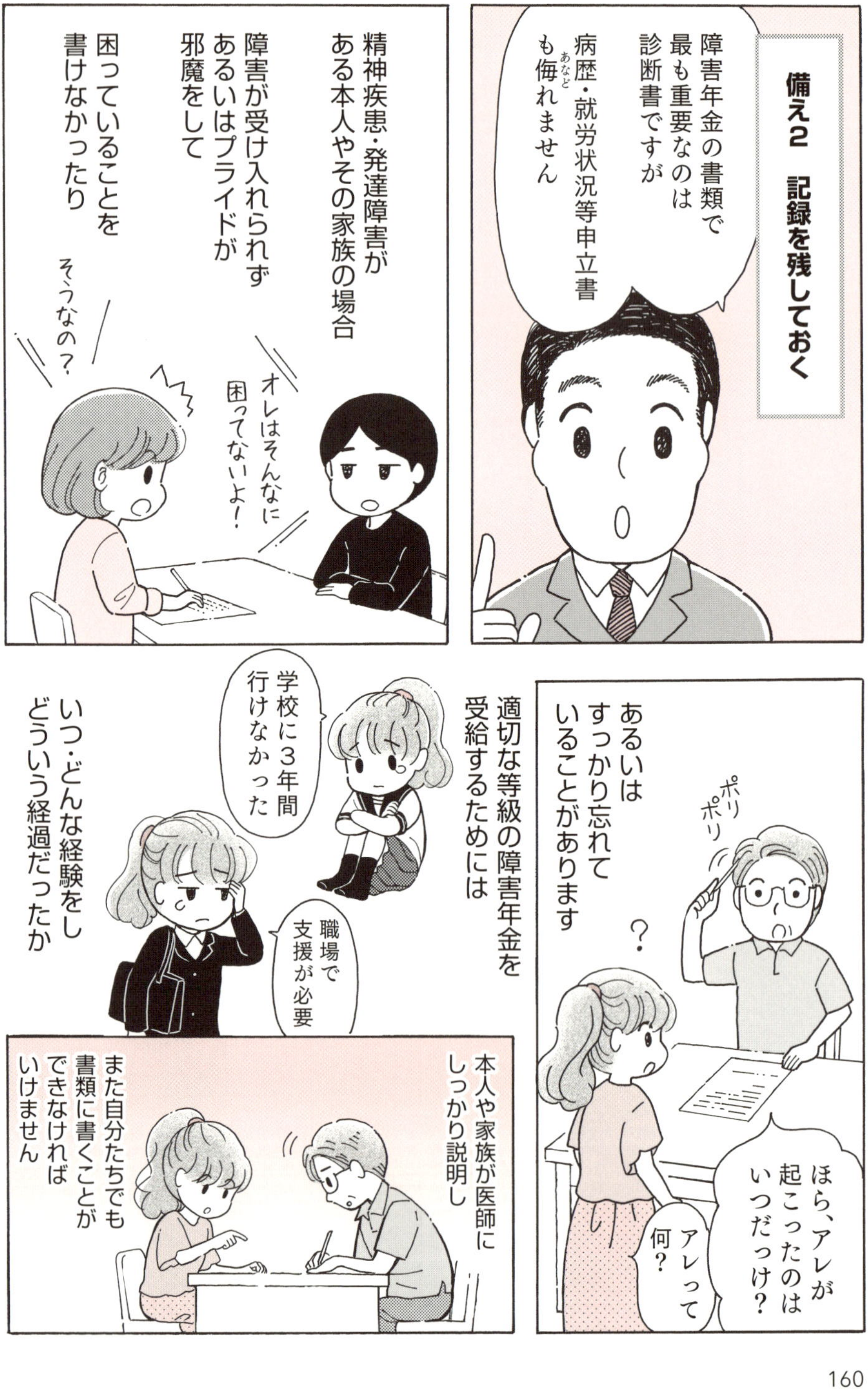
備え2　記録を残しておく
障害年金の書類で最も重要なのは診断書ですが
病歴・就労状況等申立書も侮《あなど》れません
精神疾患・発達障害がある本人やその家族の場合
障害が受け入れられず あるいはプライドが邪魔をして
困っていることを書けなかったり
オレはそんなに困ってないよ!
そうなの?
あるいは すっかり忘れていることがあります
ポリポリ
?
ほら、アレが起こったのはいつだっけ?
アレって何?
適切な等級の障害年金を受給するためには
学校に3年間行けなかった
職場で支援が必要
いつ・どんな経験をし どういう経過だったか
本人や家族が医師にしっかり説明し
また自分たちでも書類に書くことができなければいけません

ですので前々から
簡単でいいので
日付とともに
病状や経過を
書き残しておくことを
おすすめします
以上
２つの章にわたって
説明してきましたが
大切なことだけを
まとめます！
障害年金の請求を見越して
今日からしておきたいこと
・年金保険料は忘れず納付する
（もしくは免除などの手続きをする）
・医療機関からの書類はとっておく
・症状の経過は記録に残しておく
このあとの本文で
もう少し踏み込んだ
解説をしますので
読んでいただき
できるところから
準備を始めて
みてください

どこに請求する？ 手続きはどう進む？

障害年金を請求してから結果が出るまでの流れを次ページに再掲します。

初診日をもとに自分がどの年金に該当するか目途を立てたら、その次は担当窓口まで相談に行ったほうがいいかもしれません。

障害年金の申請書にある「年金請求書」には年金加入履歴を詳しく記す欄があります。窓口であれば自身の加入歴を確認でき、必要な書式ももらえます。

相談や請求の窓口は下のように決まっています。初診日の時点で共済組合に加入していた人（公務員や私立学校の教職員など）は、その共済組合が窓口となります。

請求・相談の窓口

障害厚生年金

・近くの年金事務所

・街角の年金相談センター

・共済組合

障害基礎年金

・近くの年金事務所

・街角の年金相談センター

・住んでいる地域の役所

障害年金の請求から受給まで

❶初診日を確認	まずは自分がどの年金に該当しそうか目途を立てます
▼	
❷相談	電話または窓口を訪問して制度の概要、保険料の納付要件、手続きや必要書類などについて案内を受けます
▼	
❸書類の用意	必要な書類は年金の種類や申請の方法によって異なり、そろえるだけで2〜3ヵ月かかることもあります
▼	
❹提出	窓口で請求した場合は書類に受付印が押された日が「請求日」となります*
▼	
❺診査	日本年金機構で障害の状態の認定や、障害の決定に関する事務などが行われます
▼	
❻結果の通知	基本的に❹の提出から3ヵ月で結果が郵送されます（詳しくは180ページを参照）

＊この請求日も重要な意味を持ちます（176ページ参照）。なお、郵送で請求した場合は、送り先となっている年金事務所などが書類を受け付けた日が請求日となります。

「給付金」の請求もお忘れなく

年金受給者の生活を支える目的で、2019年「年金生活者支援給付金制度」が施行されました。障害基礎年金の受給者で、前年の所得が一定以下などの要件にあてはまる人がもらえます（障害等級1級なら月6638円、2級なら5310円。障害厚生年金1・2級受給者は必然的に障害基礎年金1・2級を受給しているので基本的に対象となります）。所定の請求書（年金請求書とは別）に必要事項を記入し、障害年金と同時に請求するよう日本年金機構が呼びかけています。

必要なもの

請求にはどんな書類が必要か？

障害基礎年金、障害厚生年金のどちらを請求する場合でも共通して必要になる書類を次ページにまとめました。

年金を請求する人の立場によっては、ここに挙げた以外の書類も必要になります。たとえば配偶者や子どもがいて加給年金や加算を受けたい人は、「世帯全員の住民票の写し」や、配偶者（または子）の収入が確認できる書類の提出を求められます。障害の原因が事故など第三者行為の場合は、「第三者行為事故現況届」や事故証明、損害賠償金の算定書などを追加しなければいけません。事前にどの書類が必要かよく確認してから準備を始めましょう。

書類が一式そろったらコピーを保管することをおすすめします。見込み通りの等級にならなかったり不支給になるなどして審査請求（181ページ参照）を行うときに、原因を探り次の対応を考える資料になるからです。

障害年金の請求に必要なおもな書類

医師の診断書 ➡166ページ参照	●傷病ごとに定められた書式がありますが、精神疾患・発達障害で請求するときは「精神の障害用」の書式を使います。 ●3つある請求のしかたのいずれを選ぶかで必要な診断書の枚数などが異なります（請求のしかたについては176ページ以降を参照）。
受診状況等証明書 ➡170ページ参照	●初診日の確認のための書類です。初診時の医療機関と、請求書に添付する診断書を作成した医療機関が同一の場合、この書類は不要です。 ●最初に障害の診察を受けた医療機関で記入してもらいますが、それが難しい場合は「受診状況等証明書が添付できない申立書」と参考資料の提出も必要です。
病歴・就労状況等申立書 ➡174ページ参照	●障害の状態を確認するための補足資料で、発病から現在に至るまでの経過、日常生活での困りごと、就労状況などを、障害がある本人や家族などが記入します。 ●日本年金機構のウェブサイトから、Excel形式でパソコン入力できる書式も入手できます。
年金請求書	●障害基礎年金の請求には標題に「国民年金障害基礎年金」とある書式を使い、障害厚生年金の請求には「国民年金・厚生年金保険障害給付」とある書式を使います。 ●傷病名や初診日を記す欄があるので、上述の「診断書」「受診状況等証明書」を入手しておく必要があります。 ●書き方は書式のなかで説明されているほか、YouTubeの厚生労働省チャンネルには解説動画もあります*。
年金手帳など	●基礎年金番号から加入期間を確認するために提出します。基礎年金番号通知書でもよいとされています。
戸籍謄本または住民票など	●請求する本人の生年月日を確認します。戸籍抄本、戸籍の記載事項証明書、住民票の記載事項証明書でも構いません。 ●日本年金機構にマイナンバーが登録されている人は不要になる場合もあります。
金融機関の通帳など	●振込先の確認のために提出します。 ●カナ氏名、金融機関名、支店番号、口座番号が記載された部分を含んでいれば、コピーや、キャッシュカード（またはそのコピー）でもよいとされています。

＊具体的には以下を参照。
障害基礎年金請求書の記入方法について
https://www.youtube.com/watch?v=uOIHLmRmpOs
障害厚生年金請求書の記入方法について
https://www.youtube.com/watch?v=oKdebprAL2w

重要書類①

医師の診断書はどう用意する？

障害年金の請求時に添付する書類のなかで最も重要なのが医師の診断書です。障害年金の要件のなかには「障害状態」がありましたが（142ページ参照）、診断書がその状態を判断する主要な資料として診査で使われています。

診断書は、年金を請求する側が書式を医師に渡して作成を依頼します。傷病別に8種類の書式（眼の障害用、呼吸器疾患の障害用など）がありますが、精神疾患・発達障害で年金を請求する場合は、標題に「精神の障害用」とあるものを使います。診断書ができるまでには1ヵ月は必要で、作成料は1万円（またはそれ以上）と高額になることも少なくありません。

封緘《ふうかん》されたものを渡されることもありますが、他の書類を記入する際に必要になるので、必ず開封して中身を確認し、さらにコピーをとって保管しておきましょう。

ここでは記載事項のポイントを2つに絞ります。ひとつは表面の「⑩障害の状態」欄です。提出する診断書は、この欄の日付（現症日）が定められた期間内にある必要があります。*

＊たとえば認定日請求（後述）で年金を請求する場合は、この現症日が障害認定日から3ヵ月以内の日付である必要があります（177ページ参照）。

「精神の障害用」の診断書の表面

(精)　国民年金
厚生年金保険

診断書（精神の障害用）

様式第120号の4

(フリガナ) 氏名		生年月日	昭和 平成 令和　年　月　日生（　歳）	性別	男・女
住所	住所地の郵便番号　□□□－□□□□	都道府県	郡市区		

① 障害の原因となった傷病名 ＩＣＤ－１０コード（　）	② 傷病の発生年月日	昭和 平成 令和　年　月　日	診療録で確認 本人の申立て（　年　月　日）	本人の発病時の職業	
	③ ①のため初めて医師の診療を受けた日	昭和 平成 令和　年　月　日	診療録で確認 本人の申立て（　年　月　日）	④既存障害	
⑥ 傷病が治った（症状が固定した状態を含む。）かどうか。	平成 令和　年　月　日　確認 推定	症状のよくなる見込・・・　有・無・不明		⑤既往症	

「診療録で確認」または「本人の申立て」のどちらかを○で囲み、本人の申立ての場合は、それを聴取した年月日を記入してください。

⑦ 発病から現在までの病歴及び治療の経過、内容、就学・就労状況等、期間、その他参考となる事項
陳述者の氏名　　請求人との続柄　　聴取年月日　年　月　日

⑧ 診断書作成医療機関における初診時所見
初診年月日（昭和 平成 令和　年　月　日）

診断書を記入する医療機関での初診日がここに記入されます

⑨ これまでの発育・養育歴等（出生から発育の状況や教育歴及びこれまでの職歴をできるだけ詳しく記入してください。）

ア　発育・養育歴

イ　教育歴
乳児期
不就学　・就学猶予
小学校（普通学級・特別支援学級・特別支援学校）
中学校（普通学級・特別支援学級・特別支援学校）
高　校（普通学級・特別支援学校）
その他

ウ　職歴

エ　治療歴（書ききれない場合は⑬「備考」欄に記入してください。）（※　同一医療機関の入院・外来は分けて記入してください。）

医療機関名	治療期間	入院・外来	病名	主な療法	転帰（軽快・悪化・不変）
	年　月～　年　月	入院・外来			
	年　月～　年　月	入院・外来			
	年　月～　年　月	入院・外来			
	年　月～　年　月	入院・外来			
	年　月～　年　月	入院・外来			

⑩ 障害の状態　（平成・令和　年　月　日現症）

ここに記された日付が「現症日」で、障害の状態を判断するのに使われます

ア　現在の病状又は状態像（該当のローマ数字、英数字を○で囲んでください。）

前回の診断書の記載時との比較（前回の診断書を作成している場合は記入してください。）
1 変化なし　2 改善している　3 悪化している　4 不明

Ⅰ 抑うつ状態
1 思考・運動制止　2 刺激性、興奮　3 憂うつ気分
4 自殺企図　5 希死念慮
6 その他（　）

Ⅱ そう状態
1 行為心迫　2 多弁・多動　3 気分（感情）の異常な高揚・刺激性
4 観念奔逸　5 易怒性・被刺激性亢進　6 誇大妄想
7 その他（　）

Ⅲ 幻覚妄想状態　等
1 幻覚　2 妄想　3 させられ体験　4 思考形式の障害
5 著しい奇異な行為　6 その他（　）

Ⅳ 精神運動興奮状態及び昏迷の状態
1 興奮　2 昏迷　3 拒絶・拒食　4 滅裂思考
5 衝動行為　6 自傷　7 無動・無反応
8 その他（　）

Ⅴ 統合失調症等残遺状態
1 自閉　2 感情の平板化　3 意欲の減退
4 その他（　）

Ⅵ 意識障害・てんかん
1 意識混濁　2 （夜間）せん妄　3 もうろう　4 錯乱
5 てんかん発作　6 不機嫌症　7 その他（　）
・てんかん発作の状態　※発作のタイプは記入上の注意参照
1 てんかん発作のタイプ　（A・B・C・D）
2 てんかん発作の頻度（年間　回、月平均　回、週平均　回　程度）

Ⅶ 知能障害等
1 知的障害　ア 軽度　イ 中等度　ウ 重度　エ 最重度
2 認知症　ア 軽度　イ 中等度　ウ 重度　エ 最重度
3 高次脳機能障害
ア 失行　イ 失認
ウ 記憶障害　エ 注意障害　オ 遂行機能障害　カ 社会的行動障害
4 学習障害　ア 読み　イ 書き　ウ 計算　エ その他（　）
5 その他（　）

Ⅷ 発達障害関連症状
1 相互的な社会関係の質的障害　2 言語コミュニケーションの障害
3 限定した常同的で反復的な関心と行動　4 その他（　）

Ⅸ 人格変化
1 欠陥状態　2 無関心　3 無為
4 その他症状等（　）

Ⅹ 乱用、依存等（薬物等名：　）
1 乱用　2 依存

Ⅺ その他〔　〕

イ　右記の状態について、その程度・症状・処方薬等を具体的に記載してください。

（お願い）臨床所見等は、診療録に基づいてわかる範囲で記入してください。

（お願い）太文字の欄は、記入漏れがないように記入してください。

本人の障害の程度及び状態に無関係な欄には記入する必要はありません。（無関係な欄は、斜線により抹消してください。）

次ページにつづく

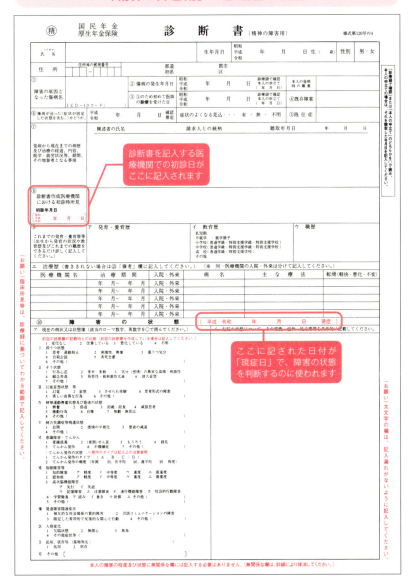

障害等級目安（ガイドラインから引用）

判定平均＼程度	（5）	（4）	（3）	（2）	（1）
3.5以上	1級	1級又は2級			
3.0以上3.5未満	1級又は2級	2級	2級		
2.5以上3.0未満		2級	2級又は3級		
2.0以上2.5未満		2級	2級又は3級	3級又は3級非該当	
1.5以上2.0未満			3級	3級又は3級非該当	
1.5未満				3級非該当	3級非該当

≪表の見方≫

1. 「程度」は診断書の記載項目である「日常生活能力の程度」の5段階評価を指す。
2. 「判定平均」は、診断書の記載項目である「日常生活能力の判定」の4段階評価について、程度の軽いほうから1～4の数値に置き換え、その平均を算出したものである。
3. 表内の「3級」は、障害基礎年金を認定する場合には「2級非該当」と置き換えることとする。

診断書のもうひとつのポイントは、裏面の「2　日常生活能力の判定」欄と「3　日常生活能力の程度」欄です。

2の内容が点数化され、その平均値と3の記載内容から障害等級の目安をつけることがガイドライン*で決められているからです。

もちろん、診査は他の書類の記載内容も考慮して総合的に行われますが、障害年金の請求を考えている人は、医師とよくコミュニケーションをとり、適切な内容が記載されるよう普段から働きかけておいたほうがいいでしょう。

なお裏面は、患者が「単身でかつ支援がない状況で生活した場合」を想定して書くことになっています。

＊ガイドラインとは「国民年金・厚生年金保険 精神の障害に係る等級判定ガイドライン」のことで、記載方法の決まりは「障害年金の診断書（精神の障害用）記載要領」に記されています。

「精神の障害用」の診断書の裏面

ウ　日常生活状況
1　家庭及び社会生活についての具体的な状況
（ア）現在の生活環境（該当するもの一つを○で囲んでください。）
入院　・　入所　・　在宅　・　その他（　　　　　　　）
（施設名　　　　　　　　　　　　）
同居者の有無　（　有　・　無　）

（イ）全般的状況（家族及び家族以外の者との対人関係についても具体的に記入してください。）

2　日常生活能力の判定（該当するものにチェックしてください。）
（判断にあたっては、単身で生活するとしたら可能かどうかで判断してください。）

（1）**適切な食事**―配膳などの準備も含めて適当量をバランスよく摂ることがほぼできるなど。
□できる　□自発的にできるが時には助言や指導を必要とする　□自発的かつ適正に行うことはできないが助言や指導があればできる　□助言や指導をしてもできない若しくは行わない

（2）**身辺の清潔保持**―洗面、洗髪、入浴等の身体の衛生保持や着替え等ができる。また、自室の清掃や片付けができるなど。
□できる　□自発的にできるが時には助言や指導を必要とする　□自発的かつ適正に行うことはできないが助言や指導があればできる　□助言や指導をしてもできない若しくは行わない

（3）**金銭管理と買い物**―金銭を独力で適切に管理し、やりくりがほぼできる。また、一人で買い物が可能であり、計画的な買い物がほぼできるなど。
□できる　□おおむねできるが時には助言や指導を必要とする　□助言や指導があればできる　□助言や指導をしてもできない若しくは行わない

（4）**通院と服薬（要・不要）**―規則的に通院や服薬を行い、病状等を主治医に伝えることができるなど。
□できる　□おおむねできるが時には助言や指導を必要とする　□助言や指導があればできる　□助言や指導をしてもできない若しくは行わない

（5）**他人との意思伝達及び対人関係**―他人の話を聞く、自分の意思を相手に伝える、集団的行動が行えるなど。
□できる　□おおむねできるが時には助言や指導を必要とする　□助言や指導があればできる　□助言や指導をしてもできない若しくは行わない

（6）**身辺の安全保持及び危機対応**―事故等の危険から身を守る能力がある、通常と異なる事態となった時に他人に援助を求めるなどを含めて、適正に対応することができるなど。
□できる　□おおむねできるが時には助言や指導を必要とする　□助言や指導があればできる　□助言や指導をしてもできない若しくは行わない

（7）**社会性**―銀行での金銭の出し入れや公共施設等の利用が一人で可能。また、社会生活に必要な手続きが行えるなど。
□できる　□おおむねできるが時には助言や指導を必要とする　□助言や指導があればできる　□助言や指導をしてもできない若しくは行わない

3　日常生活能力の程度（該当するもの一つを○で囲んでください。）
※日常生活能力の程度を記載する際には、状態をもっとも適切に記載できる（精神障害）又は（知的障害）のどちらかを使用してください。

（精神障害）
（1）精神障害（病的体験・残遺症状・認知障害・性格変化等）を認めるが、社会生活は普通にできる。
（2）精神障害を認め、家庭内での日常生活は普通にできるが、社会生活には、援助が必要である。
（たとえば、日常的な家事をこなすことはできるが、状況や手順が変化したりすると困難を生じることがある。社会行動や自発的な行動が適切に出来ないこともある。金銭管理はおおむねできる場合など。）
（3）精神障害を認め、家庭内での単純な日常生活はできるが、時に応じて援助が必要である。
（たとえば、習慣化した外出はできるが、家事をこなすために助言や指導を必要とする。社会的な対人交流は乏しく、自発的な行動に困難がある。金銭管理が困難な場合など。）
（4）精神障害を認め、日常生活における身のまわりのことも、多くの援助が必要である。
（たとえば、著しく適正を欠く行動が見受けられる。自発的な発言が少ない、あっても発言内容が不適切であったり不明瞭であったりする。金銭管理ができない場合など。）
（5）精神障害を認め、身のまわりのこともほとんどできないため、常時の援助が必要である。
（たとえば、家庭内生活においても、食事や身のまわりのことを自発的にすることができない。また、在宅の場合に通院等の外出には、付き添いが必要な場合など。）

（知的障害）
（1）知的障害を認めるが、社会生活は普通にできる。
（2）知的障害を認め、家庭内での日常生活は普通にできるが、社会生活には、援助が必要である。
（たとえば、簡単な漢字は読み書きができ、会話も意…るが、抽象的なことは難しい。身辺生活も一人でで…）
（3）知的障害を認め、家庭内での単純な日常…時に応じて援助が必要である。
（たとえば、ごく簡単な読み書きや計算はでき、助言…可能である。具体的指示であれば理解ができ、身辺生活についてもおおむね一人でできる程度）
（4）知的障害を認め、日常生活における身のまわりのことも、多くの援助が必要である。
（たとえば、簡単な文字や数字は理解でき、保護的環境であれば単純作業は可能である。習慣化していることであれば言葉での指示を理解し、身辺生活についても部分的にできる程度）
（5）知的障害を認め、身のまわりのこともほとんどできないため、常時の援助が必要である。
（たとえば、文字や数の理解力がほとんど無く、簡単な手伝いもできない。言葉による意思の疎通がほとんど不可能であり、身辺生活の処理も一人ではできない程度）

横軸になる

「できる」から1点、2点……と点数化し平均値を出す

エ　現症時の就労状況
○勤務先　・一般企業　・就労支援施設　・その他（　　　　）
○雇用体系　・障害者雇用　・一般雇用　・自営　・その他（　　　　）
○勤続年数（　年　ヶ月）　○仕事の頻度（週に・月に（　）日）
○ひと月の給与（　　　　円程度）
○仕事の内容
○仕事場での援助の状況や意思疎通の状況

オ　身体所見（神経学的な所見を含む。）

カ　臨床検査（心理テスト・認知検査、知能障害の場合は、知能指数、精神年齢を含む。）

キ　福祉サービスの利用状況（障害者総合支援法に規定する自立訓練、共同生活援助、居宅介護、その他障害福祉サービス等）

⑪ 現症時の日常生活活動能力及び労働能力（必ず記入してください。）	
⑫ 予　後（必ず記入してください。）	
⑬ 備　考	

上記のとおり、診断します。　　年　月　日
病院又は診療所の名称　　　　診療担当科名
所　在　地　　　　医師氏名

重要書類②

受診状況等証明書とはなにか？

「受診状況等証明書」（以下、「証明書」）は初診日を証明するための書類です。この書類は、障害の症状で最初に受診した医療機関で、カルテなどの記載内容をもとに作成してもらいます。書式は次ページのように決まっています。

初診時の医療機関と、診断書（166ページ参照）を作成した医療機関が同一の場合は、診断書に初診日が記載されるので、この証明書は不要になります。

問題は、カルテが残っていないなどの理由で、最初に受診した医療機関で証明書を作成してもらえなかった場合です。その際はまず、2番目にかかった機関で作成を依頼し、それも難しければ3番目にかかった機関に……という具合に、できるだけ前に診察を受けた医療機関で証明書を作成してもらいます。

そのうえで、172ページで紹介する「受診状況等証明書が添付できない申立書」および参考資料を添付すれば障害年金を請求できます。

受診状況等証明書の書式

年金等の請求用

障害年金等の請求を行うとき、その障害の原因又は誘因となった傷病で初めて受診した医療機関の初診日を明らかにすることが必要です。そのために使用する証明書です。

受　診　状　況　等　証　明　書

① 氏　　　　　名 ＿＿＿＿＿＿＿＿＿＿

② 傷　　病　　名 ＿＿＿＿＿＿＿＿＿＿

③ 発　病　年　月　日　昭和・平成・令和　　年　　月　　日

④ 傷病の原因又は誘因 ＿＿＿＿＿＿＿＿＿＿

⑤ 発病から初診までの経過

前医からの紹介状はありますか。⇒　有　　無　（有の場合はコピーの添付をお願いします。）

※診療録に前医受診の記載がある場合
右の該当する番号に○印をつけてください
1　初診時の診療録より記載したものです。
2　昭和・平成・令和　　年　　月　　日の診療録より記載したものです。

⑥ 初 診 年 月 日　昭和・平成・令和　　年　　月　　日

⑦ 終 診 年 月 日　昭和・平成・令和　　年　　月　　日

⑧ 終診時の転帰　（ 治癒・転医・中止 ）

⑨ 初診から終診までの治療内容及び経過の概要

⑩ 次の該当する番号（1～4）に○印をつけてください。

複数に○をつけた場合は、それぞれに基づく記載内容の範囲がわかるように余白に記載してください。

上記の記載は　1　診療録より記載したものです。
2　受診受付簿、入院記録より記載したものです。
3　その他（　　　　　　　　　　）より記載したものです。
4　昭和・平成・令和　　年　　月　　日の本人の申し立てによるものです。

⑪ 令和　　年　　月　　日

医療機関名　　　　　　　　診療担当科名

所　在　地　　　　　　　　医師氏名

（提出先）日本年金機構　　　　　　（裏面もご覧ください。）

障害年金　請求の実務

次ページにつづく

最初に障害の症状で診察を受けた医療機関で証明書を発行してもらうのが難しいときに必要なのが、「受診状況等証明書が添付できない申立書」（以下、「申立書」）です。

これは医療機関ではなく、請求する側が記入して作成します。「申立書」は証明書を作成してもらえなかった医療機関ごとに1枚用意し、さらに医療機関ごとに、そこを受診していたことを証明できる参考資料を添付しなければなりません。

診察券や領収書などの物証のほか、条件を満たしていれば「初診日に関する第三者からの申立書（第三者証明）」も参考資料として認められることがあります（下の囲みを参照）。

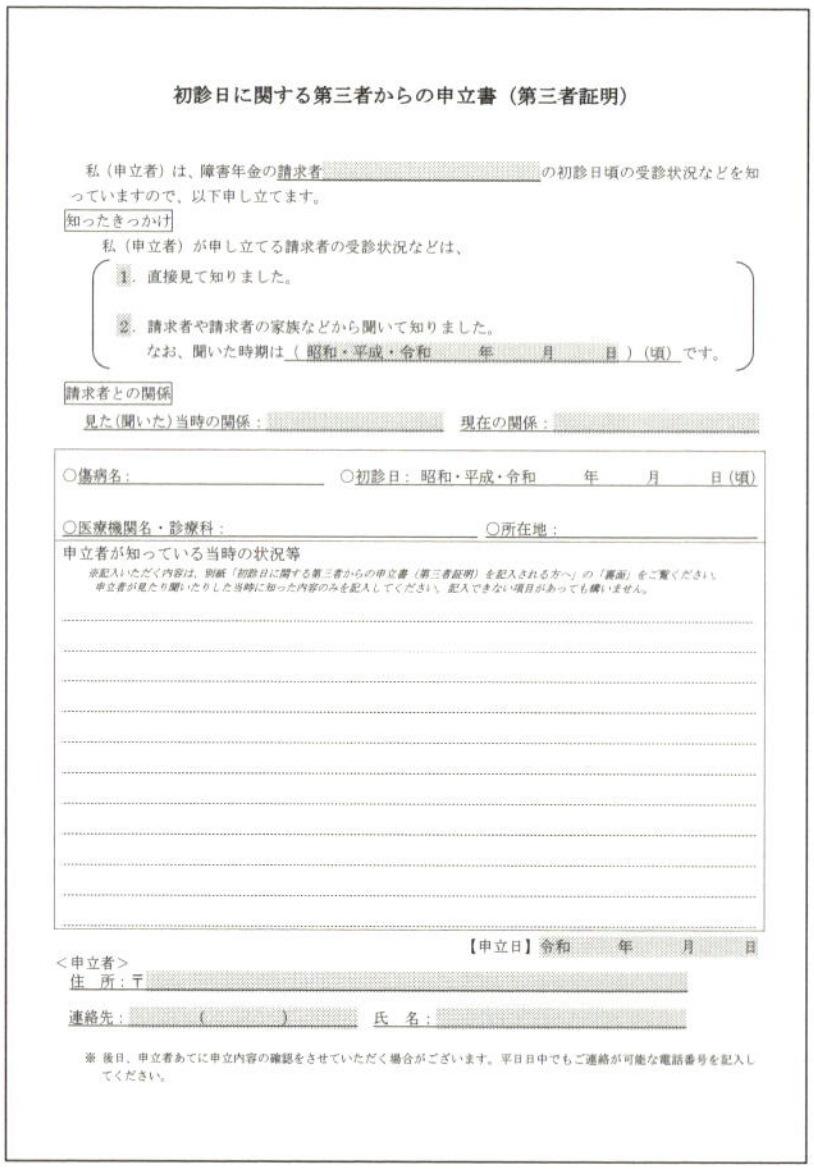
初診日に関する第三者からの申立書（第三者証明）

私（申立者）は、障害年金の請求者　　　　の初診日頃の受診状況などを知っていますので、以下申し立てます。

知ったきっかけ

私（申立者）が申し立てる請求者の受診状況などは、

1. 直接見て知りました。

2. 請求者や請求者の家族などから聞いて知りました。
なお、聞いた時期は（ 昭和・平成・令和　年　月　日 ）（頃）です。

請求者との関係

見た（聞いた）当時の関係：　　　　現在の関係：

○傷病名：　　　　○初診日：昭和・平成・令和　年　月　日（頃）

○医療機関名・診療科：　　　　○所在地：

申立者が知っている当時の状況等

※記入いただく内容は、別紙「初診日に関する第三者からの申立書（第三者証明）を記入される方へ」の「裏面」をご覧ください。
申立者が見たり聞いたりした当時に知った内容のみを記入してください。記入できない項目があっても構いません。

【申立日】令和　年　月　日

＜申立者＞
住　所：〒
連絡先：　（　）　氏　名：

※ 後日、申立者あてに申立内容の確認をさせていただく場合がございます。平日日中でもご連絡が可能な電話番号を記入してください。

第三者証明とは

医療従事者、民生委員、三親等以外の親族や知人などの「証言」を所定の書式に記して作成します。

請求する人の初診日のころの受診状況を直接見た（あるいは聞いた）人に記入してもらう必要があります。

医師の証言なら1枚で済むこともありますが、それ以外の立場の人の証言は複数必要になる場合があります。

「受診状況等証明書が添付できない申立書」の書式

年金等の請求用

受診状況等証明書が添付できない申立書

傷　病　名 ＿＿＿＿＿＿＿＿＿＿

医療機関名 ＿＿＿＿＿＿＿＿＿＿

医療機関の所在地 ＿＿＿＿＿＿＿＿＿＿

受診期間　昭和・平成・令和　年　月　日 ～ 昭和・平成・令和　年　月　日

上記医療機関の受診状況等証明書が添付できない理由をどのように確認しましたか。

次の＜添付できない理由＞と＜確認方法＞の該当する□に✓をつけ、＜確認年月日＞に確認した日付を記入してください。

その他の□に✓をつけた場合は、具体的な添付できない理由や確認方法も記入してください。

＜添付できない理由＞　　＜確認年月日＞　平成・令和　年　月　日

□ カルテ等の診療録が残っていないため

□ 廃業しているため

□ その他 ＿＿＿＿＿＿＿＿＿＿

＜確認方法＞　□ 電話　□ 訪問　□ その他（　　　　）

上記医療機関の受診状況などが確認できる参考資料をお持ちですか。

お持ちの場合は、次の該当するものすべての□に✓をつけて、そのコピーを添付してください。

お持ちでない場合は、「添付できる参考資料は何もない」の□に✓をつけてください。

□ 身体障害者手帳・療育手帳・精神障害者保健福祉手帳

□ 身体障害者手帳等の申請時の診断書

□ 生命保険・損害保険・労災保険の給付申請時の診断書

□ 事業所等の健康診断の記録

□ 母子健康手帳

□ 健康保険の給付記録（レセプトも含む）

□ お薬手帳・糖尿病手帳・領収書・診察券（可能な限り診察日や診療科が分かるもの）

□ 小学校・中学校等の健康診断の記録や成績通知表

□ 盲学校・ろう学校の在学証明・卒業証書

□ 第三者証明

□ その他（　　　　）

□ 添付できる参考資料は何もない

添付する参考資料となり得るものはこの欄に書かれています

上記のとおり相違ないことを申し立てます。

令和　年　月　日

請求者　住所 ＿＿＿＿＿＿＿＿＿＿

氏名

重要書類③

病歴・就労状況等申立書とはなにか？

障害年金を請求する人のこれまでの病歴などを書く書類が、「病歴・就労状況等申立書」です。表面には発病から現在までの経過を時系列で書く欄が設けられており、スペースが足りないときは「続紙《ぞくし》」に続けて記入してもよいとされています。裏面には障害がある本人の就労状況や日常生活の状況（障害認定日ごろおよび請求日ごろの）を書きます。

表裏いずれも、あらかじめ診断書など他の書類を見て、内容が矛盾しないように書かなければいけません。内容に食い違いがあると、書類提出後に日本年金機構から照会が行われるなどして診査が滞ることになるからです。

障害年金の診査は書類のみをもとに行われます。最も重視されるのは診断書ですが、この申立書は本人が直にメッセージを届けられる貴重な機会であり、かつ診査においてもそれなりに重視されているので、（社労士などによる代筆も認められていますが）本人と家族が共同で書くのも意義深いと思います。

「病歴・就労状況等申立書」の書式

病歴・就労状況等申立書

No.　　—　　枚中

(請求する病気やけがが複数ある場合は、それぞれ用紙を分けて記入してください。)

病歴状況	傷病名		
発病日	昭和・平成・令和　　年　　月　　日	初診日	昭和・平成・令和　　年　　月　　日

記入する前にお読みください。
- ○ 次の欄には障害の原因となった病気やけがについて、発病したときから現在までの経過を年月順に期間をあけずに記入してください。
- ○ 受診していた期間は、通院期間、受診回数、入院期間、治療経過、医師から指示された事項、転医・受診中止の理由、日常生活状況、就労状況などを記入してください。
- ○ 受診していなかった期間は、その理由、自覚症状の程度、日常生活状況、就労状況などについて具体的に記入してください。
- ○ 健康診断などで障害の原因となった病気やけがについて指摘されたことも記入してください。
- ○ 同一の医療機関を長期間受診していた場合、医療機関を長期間受診していなかった場合、発病から初診までが長期間の場合は、その期間を３年から５年ごとに区切って記入してください。

1	昭和・平成・令和　年　月　日から 昭和・平成・令和　年　月　日まで 受診した　・　受診していない 医療機関名	発病したときの状態と発病から初診までの間の状況（先天性疾患は出生時から初診まで）
2	昭和・平成・令和　年　月　日から 昭和・平成・令和　年　月　日まで 受診した　・　受診していない 医療機関名	左の期間の状況
3	昭和・平成・令和　年　月　日から 昭和・平成・令和　年　月　日まで 受診した　・　受診していない 医療機関名	左の期間の状況
4	昭和・平成・令和　年　月　日から 昭和・平成・令和　年　月　日まで 受診した　・　受診していない 医療機関名	左の期間の状況
5	昭和・平成・令和　年　月　日から 昭和・平成・令和　年　月　日まで 受診した　・　受診していない 医療機関名	左の期間の状況

※裏面も記入してください。

表面

傷病の経過を発病から現在まで時系列で書きます

就労・日常生活状況	1．障害認定日（初診日から１年６月目、またはそれ以前に治った場合は治った日）頃の状況と 2．現在（請求日頃）の状況について該当する太枠内に記入してください。

1．障害認定日（昭和・平成・令和　　年　　月　　日）頃の状況を記入してください。

就労状況	就労していた場合	職種（仕事の内容）を記入してください。	
		通勤方法を記入してください。	通勤方法 通勤時間（片道）　　時間　　分
		出勤日数を記入してください。	障害認定日の前月　　日　障害認定日の前々月　　日
		仕事中や仕事が終わった時の身体の調子について記入してください。	
	就労していなかった場合	仕事をしていなかった（休職していた）理由をすべて○で囲んでください。 なお、オを選んだ場合は、具体的な理由を（　）内に記入してください。	ア　体力に自信がなかったから イ　医師から働くことを止められていたから ウ　働く意欲がなかったから エ　働きたかったが適切な職場がなかったから オ　その他（理由　　）
日常生活状況		日常生活の制限について、該当する番号を○で囲んでください。 1→自発的にできた 2→自発的にできたが援助が必要だった 3→自発的にできないが援助があればできた 4→できなかった	着替え（1・2・3・4）　洗　面（1・2・3・4） トイレ（1・2・3・4）　入　浴（1・2・3・4） 食　事（1・2・3・4）　散　歩（1・2・3・4） 炊　事（1・2・3・4）　洗　濯（1・2・3・4） 掃　除（1・2・3・4）　買　物（1・2・3・4）
		その他日常生活で不便に感じたことがありましたら記入してください。	

2．現在（請求日頃）の状況を記入してください。

就労状況	就労している場合	職種（仕事の内容）を記入してください。	
		通勤方法を記入してください。	通勤方法 通勤時間（片道）　　時間　　分
		出勤日数を記入してください。	請求日の前月　　日　請求日の前々月　　日
		仕事中や仕事が終わった時の身体の調子について記入してください。	
	就労していない場合	仕事をしていない（休職している）理由をすべて○で囲んでください。 なお、オを選んだ場合は、具体的な理由を（　）内に記入してください。	ア　体力に自信がないから イ　医師から働くことを止められているから ウ　働く意欲がないから エ　働きたいが適切な職場がないから オ　その他（理由　　）
日常生活状況		日常生活の制限について、該当する番号を○で囲んでください。 1→自発的にできる 2→自発的にできるが援助が必要である 3→自発的にできないが援助があればできる 4→できない	着替え（1・2・3・4）　洗　面（1・2・3・4） トイレ（1・2・3・4）　入　浴（1・2・3・4） 食　事（1・2・3・4）　散　歩（1・2・3・4） 炊　事（1・2・3・4）　洗　濯（1・2・3・4） 掃　除（1・2・3・4）　買　物（1・2・3・4）
		その他日常生活で不便に感じていることがありましたら記入してください。	
障害者手帳		障害者手帳の交付を受けていますか。	1　受けている　2　受けていない　3　申請中
		交付されている障害者手帳の交付年月日、等級、障害名を記入してください。 その他の手帳の場合は、その名称を（　）内に記入してください。 ※略字の意味 身→身体障害者手帳　療→療育手帳 精→精神障害者保健福祉手帳　他→その他の手帳	①　身・精・療・他（　　） 昭和・平成・令和　年　月　日（　級） 障害名（　　） ②　身・精・療・他（　　） 昭和・平成・令和　年　月　日（　級） 障害名（　　）

上記のとおり相違ないことを申し立てます。

令和　　年　　月　　日　　　　請求者　現住所

　　　　　　　　　　　　　　　　　　　氏　名

代筆者　氏　名　　　　　　　　　　　　電話番号　—　—

請求者からみた続柄（　　　）

電話番号　—　—

裏面

現在の仕事や日常生活について書きます

障害年金の3つの請求のしかたとは？

障害年金の請求のしかたは3つあり、障害の状態やどのような書類をそろえられるかをもとに、年金を請求する側がいずれかを選ぶことになっています。

以下、それぞれの請求のしかたを説明しますが、いずれを選ぶにせよ障害年金は早めに請求するのがおすすめです。請求が遅れると必要な提出書類が増えたり、請求のしかたによっては、もらえたはずの年金を逃してしまうことになったりするからです。

また、障害年金の「請求日」も気をつけたいところです。そろえた書類が窓口で受理され、受付印が押された日が障害年金の「請求日」となりますが、請求日が月初になりそうなら、請求を数日早めるほうが賢明です。支給される年金が「請求日の翌月分から」とされている請求方法があるためです。

請求方法を知るうえでは、障害認定日（142ページ参照）、現症日（166ページ参照）の理解が欠かせません。該当ページでそれぞれの意味を確認しつつ読み進めてください。

請求のしかた①　認定日請求

【障害認定日による請求】

最も基本的な請求方法で、障害年金の支給が決定した場合は、障害認定日の翌月分からの年金を受け取ることができます。

必要な診断書は、現症日が障害認定日から3ヵ月の期間内にあるもの1枚です。

この方法で請求する場合は、障害認定日から1年以上たってしまった後でも、年金をさかのぼって請求できます。これを「遡及《そきゅう》請求」と呼びますが、遡及請求をする場合は診断書がもう1枚（現症日が請求日前の3ヵ月の期間内にあるもの）必要です。

ただし、さかのぼって請求できるのは最大5年分と決まっています。

認定日請求のイメージ

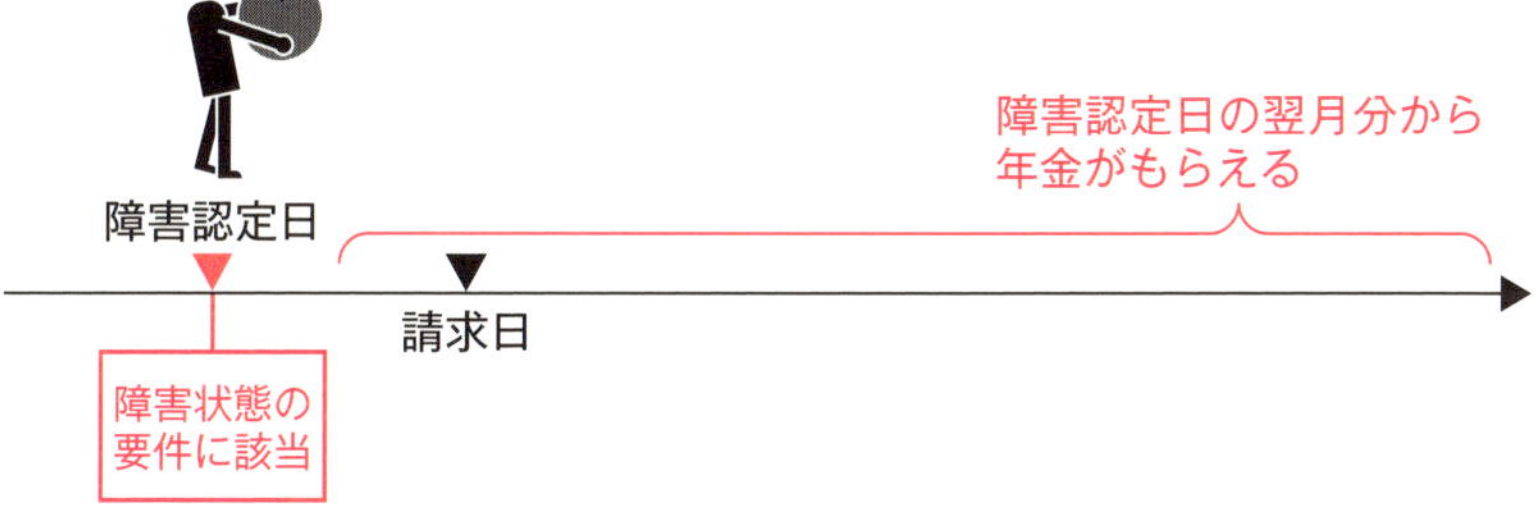
障害
障害認定日の翌月分から
年金がもらえる
障害認定日
請求日
障害状態の
要件に該当

診断書……現症日が障害認定日から３ヵ月以内にあるもの１枚
（遡及請求する場合は請求日前３ヵ月以内のものを１枚追加）

次ページにつづく

請求のしかた②　事後重症請求

［事後重症による請求］

障害認定日に障害の状態が障害年金に該当しなかった人が、その後、病状が悪化し、障害年金に該当する状態となった場合に行う請求です。

障害認定日に何らかの理由で医療機関を受診しておらず、その時点の診断書が添付できないときも、こちらの請求のしかたを選択する場合があります。

年金の支給が決まった場合は、請求日の翌月からの年金が振り込まれます。遡及請求はできません。必要な診断書は、現症日が請求日の前の３ヵ月以内にあるもの１枚です。

なお、事後重症請求は65歳の誕生日の前々日までに障害状態が悪化した人が対象で、請求は65歳の誕生日の前々日までに行うこととされています。

事後重症請求のイメージ

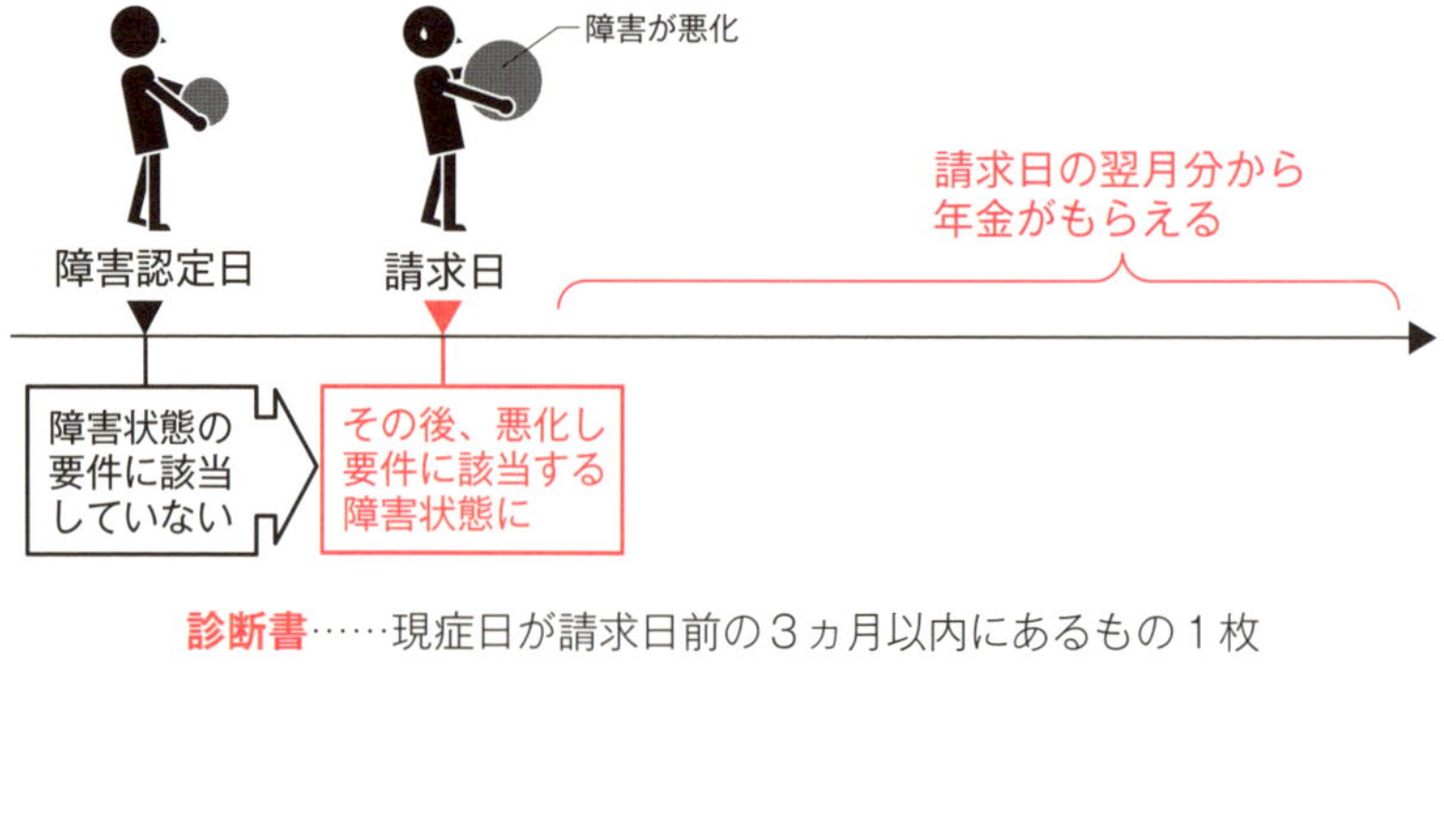

診断書……現症日が請求日前の３ヵ月以内にあるもの１枚

請求のしかた③　初めて2級以上による請求

【初めて障害等級の1級または2級に該当したことによる請求】

障害年金には該当しない障害Aをもともと抱えていた人が、後に別の障害Bを負い、障害年金に該当する状態になった場合、この方法で請求します。

「初めて2級以上による請求」では、障害A、障害Bそれぞれについての診断書が必要になります。この2つの診断書は、いずれも現症日が請求日前の3ヵ月以内の期間にあるものでなければいけません。

年金の支給が決まった場合は、請求日の翌月からの年金が振り込まれます。遡及請求はできません。

なお、それまでに2級以上の障害給付を受けたことがある人、または2級以上の障害の状態になったことのある人は、この請求を行うことはできないとされています。

初めて２級以上による請求のイメージ

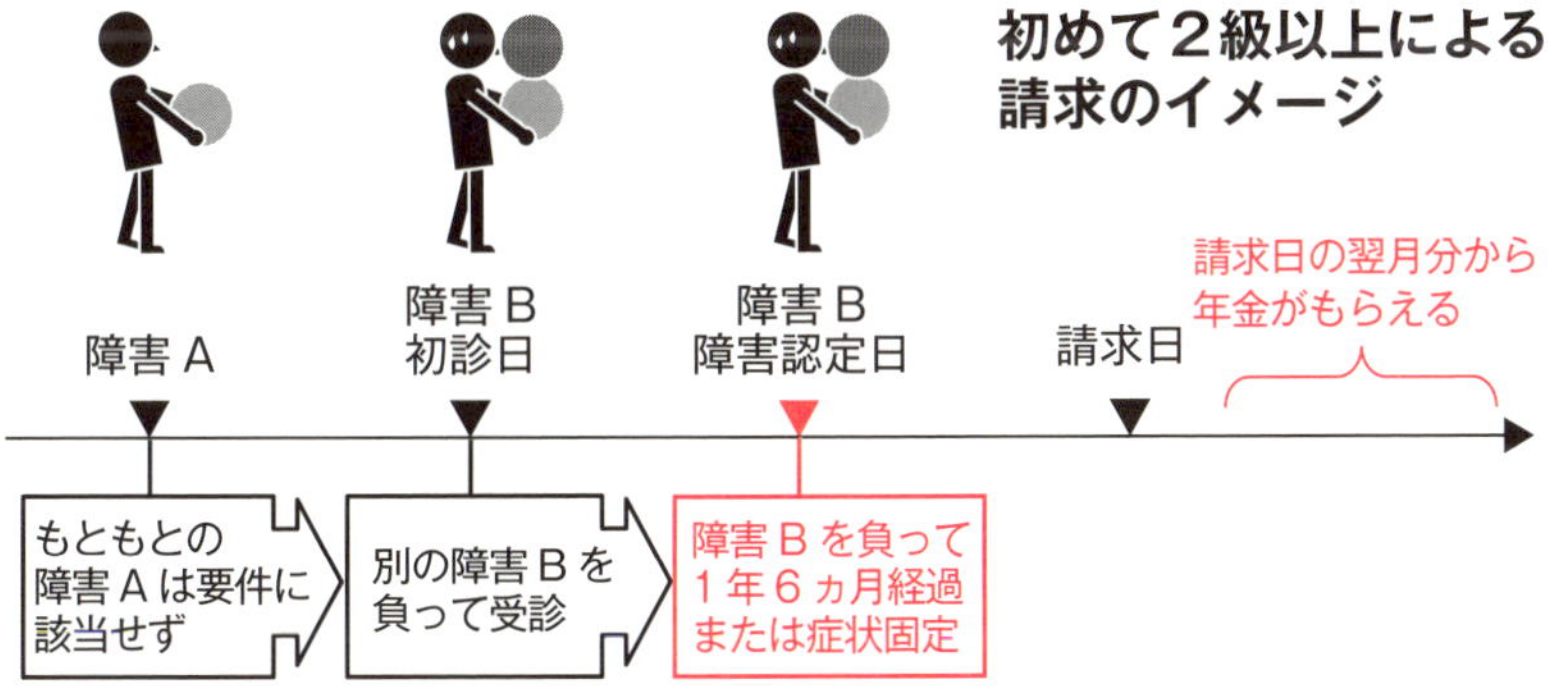
障害 A
障害 B
初診日
障害 B
障害認定日
請求日
請求日の翌月分から
年金がもらえる
もともとの
障害 A は要件に
該当せず
別の障害 B を
負って受診
障害 B を負って
1 年 6 ヵ月経過
または症状固定

診断書……障害Aのもの１枚、障害Bのもの１枚
（いずれも現症日は請求日前３ヵ月以内）

診査の結果

どんな結果が出る？ その後の手続きは？

障害年金の請求書類は、提出後、日本年金機構の本部がある東京都に集められ、「障害年金センター」で障害認定診査医員（略して「認定医」）などによる診査が行われます。

診査の結果は、おおむね3ヵ月程度で請求した人のもとに郵送されます。ただし、書類に疑問点や不備がある場合は、診断書を書いた医師に問い合わせが行われたり、追加書類の提出（または書類の出し直し）を求められたりするため、診査にさらに時間がかかります。

障害年金の診査の結果は、次ページに示した通り、「年金決定」「不支給決定」「却下」のいずれかになります。

精神疾患・発達障害で障害年金を受給する人、およびその家族に気をつけてほしいのは、認定の有効期限です。期限までに「障害状態確認届（診断書）」を提出しないと、年金の支給が止まってしまうので注意してください。

障害年金　結果には大きく3つのパターンがある

年金決定

●年金の支給が決まると、「年金証書」「年金決定通知書」、そしてパンフレットが郵送で届きます。

●精神疾患・発達障害はほぼすべてが有効期限を１～５年に定めた「有期認定」となります。期限がくる前に日本年金機構から「障害状態確認届（診断書）」が送付されてくるので、「診断書」欄を医師に記入してもらい、提出期限に間に合うように返送します。

●障害が重度化した場合は「障害給付　額改定請求書」を提出し増額を求めることができます。ただし、支給が決定したあと１年経過しないとこの手続きは行えません。

不支給決定

●診査の結果、障害の状態が障害年金に該当しないと判断された場合、年金は支給されず「不支給決定通知」が郵送されます。

却下

●たとえば提出された書類では初診日が確定しない、保険料の納付要件を満たしていないなどの理由から障害の状態を診査するに至らなかった場合は「却下通知」が届きます。

結果に納得できないときは

支給が決定されても等級が軽すぎた場合や、不支給／却下が出た場合にできることは、おもに２つあります。ひとつは審査請求（不服申し立て）で、管轄の地方厚生局か年金事務所から「審査請求書」の書式を取り寄せ、決定通知書を受け取った日の翌日から３ヵ月以内に行います。もうひとつ、より説得力のある書類をそろえて再び請求する「再請求」も可能です。

社会保険労務士（社労士）に請求業務を依頼するには

障害年金は、法律にもとづく国の制度ですが、年金事務所などに相談に行っても、一歩、二歩と踏み込んだ対応をしてもらえるとは限りません。また、通院先の医療機関にソーシャルワーカーなどが配置されておらず、相談できる専門職がいないという場合もあるでしょう。

そのようなときは、障害年金を専門とする社労士に請求業務を依頼するのも一つの選択肢です。料金は、着手金（０～３万円）に加え、成功報酬として①年金額の２ヵ月分、あるいは、②初回に振り込まれた額の10～20％の、①②のいずれか多い方を支払う、というのが一般的です。

私の知る限り、社労士の多くは依頼を受けたら次のような支援を行います。まずは時間をかけて受診歴を聞き取り、20歳未満発症の可能性の追求など準備を行います。また、障害年金の診査で鍵となる日常生活能力について、職場や家庭での状況を聞き取り、１年間の症状の変動なども把握します。そして以上をふまえて医師への情報提供と診断書作成の依頼をしたりもします（なお、支援内容は社労士により千差万別なので相談の段階で確認するのが重要です）。

社労士に依頼する意義としては、難しい手続きなどでストレスを受けずに済むこと、さらには、迅速で正確な請求が期待できることが挙げられます。加えて、不服申し立てや更新手続きをはじめ、今後の見通しもつきやすくなります。

では、どのようにして社労士を探せばいいでしょうか。インターネットで検索すれば社労士のホームページはたくさん見つかりますが、おすすめは当事者グループや家族会、ソーシャルワーカーなどからの口コミ情報を参考にすることです。事前に横のつながりを持っておき、そこで情報共有することが大切になるわけです。

また、障害年金を専門とする社労士約250名を会員とする「NPO法人障害年金支援ネットワーク」という団体がありますので、フリーダイヤルで無料相談をしてもいいでしょう。長い付き合いをしたくなるような、信頼できる社労士選びを心がけてください。

第8章

医療費をサポートする諸制度

重すぎる自己負担を減らす

生きていれば誰でもケガをしたり何らかの病気にかかったりしますが
どんな人でも必要な医療を受けられるように日本では国民皆保険制度が整えられています
すなわち国民全員が何らかの公的医療保険に加入することで
基本的に医療費の1〜3割を窓口で自己負担すれば診察・治療が受けられる仕組みになっているんです
会計
しかし多くても3割とはいえ頻繁に使うと家計にかかる負担は重くなりますよね

	すべての人が対象	障害がある人が対象
国の制度	①高額療養費制度	③自立支援医療（精神通院）
自治体の制度	②子ども医療費助成制度	④福祉医療

①高額療養費制度

～月の自己負担額が高すぎるとき軽減してくれる制度～

医療機関の窓口で支払った自己負担分が上限額＊を超えたときその超えた金額が払い戻される制度です
自己負担が高額に
高額療養費制度で
一部
払い戻し

＊窓口負担の上限額は年齢や世帯の所得により異なります

特徴

- ●ひと月の医療費が高額になった場合に軽減してくれる
- ●診療科や通院・入院を問わず使える
- ●家族の医療費を合算できる場合もある

➡196ページ参照

なお、あらかじめ**限度額適用認定証**を取得しておくか、マイナ保険証があれば、窓口での支払いを上限額までに抑えることができます

ではここで具体例を挙げます
下のEさんのケースからいくら払い戻されるのか見てみましょう

Eさん一家

・父母・子の３人家族
・年収300万円
・父親（44歳）の入院により
ある月の医療費が50万円に

例

①自己負担の３割を支払う

医療費の負担は３割なので
窓口で15万円を支払います

会計
¥
¥

②年収から上限額が出る

高額療養費制度で定められた
Eさんの月の上限額は
5万7600円です

➡197ページ参照

適用区分	世帯ごとのひと月の上限額（多数回 ＝多数回該当の場合の上限額）
年収約1160万円～ 健保：標報83万円以上 国保：年間所得901万円超	25万2600円＋（医療費－84万2000）×１％ 多数回 14万100円
年収約770万～約1160万円 健保：標報53万～79万円 国保：年間所得600万～901万円	16万7400円＋（医療費－55万8000）×１％ 多数回 ９万3000円
年収約370万～約770万円 健保：標報28万～50万円 国保：年間所得210万～600万円	8万100円＋（医療費－26万7000）×１％ 多数回 ４万4400円
～年収約370万円 健保：標報26万円以下 国保：年間所得210万円以下	５万7600円 多数回 ４万4400円
住民税非課税者	３万5400円 多数回 ２万4600円

③申請して払い戻しを受ける
高額療養費制度を使えば
自己負担の上限額を超えた金額が
払い戻されるので——

15万円－5万7600円
＝9万2400円
が戻ってきます
わ～ この額が戻ってきたら助かりますね
はい 結構大きな額になることもあります

わたしの医療費ももしかして？
ここでは父親の医療費だけで計算しましたが条件にあてはまれば家族の医療費を合算することもできます

②子ども医療費助成制度

～すべての子どもの医療費を減らしてくれる制度～

特徴

●自治体独自の制度だが、すべての自治体が何らかの助成を実施（2023年４月１日時点）

●助成内容や対象となる子の年齢は自治体ごとに異なる

➡198ページ参照

③自立支援医療

～障害がある人の医療費の自己負担を軽減してくれる制度～

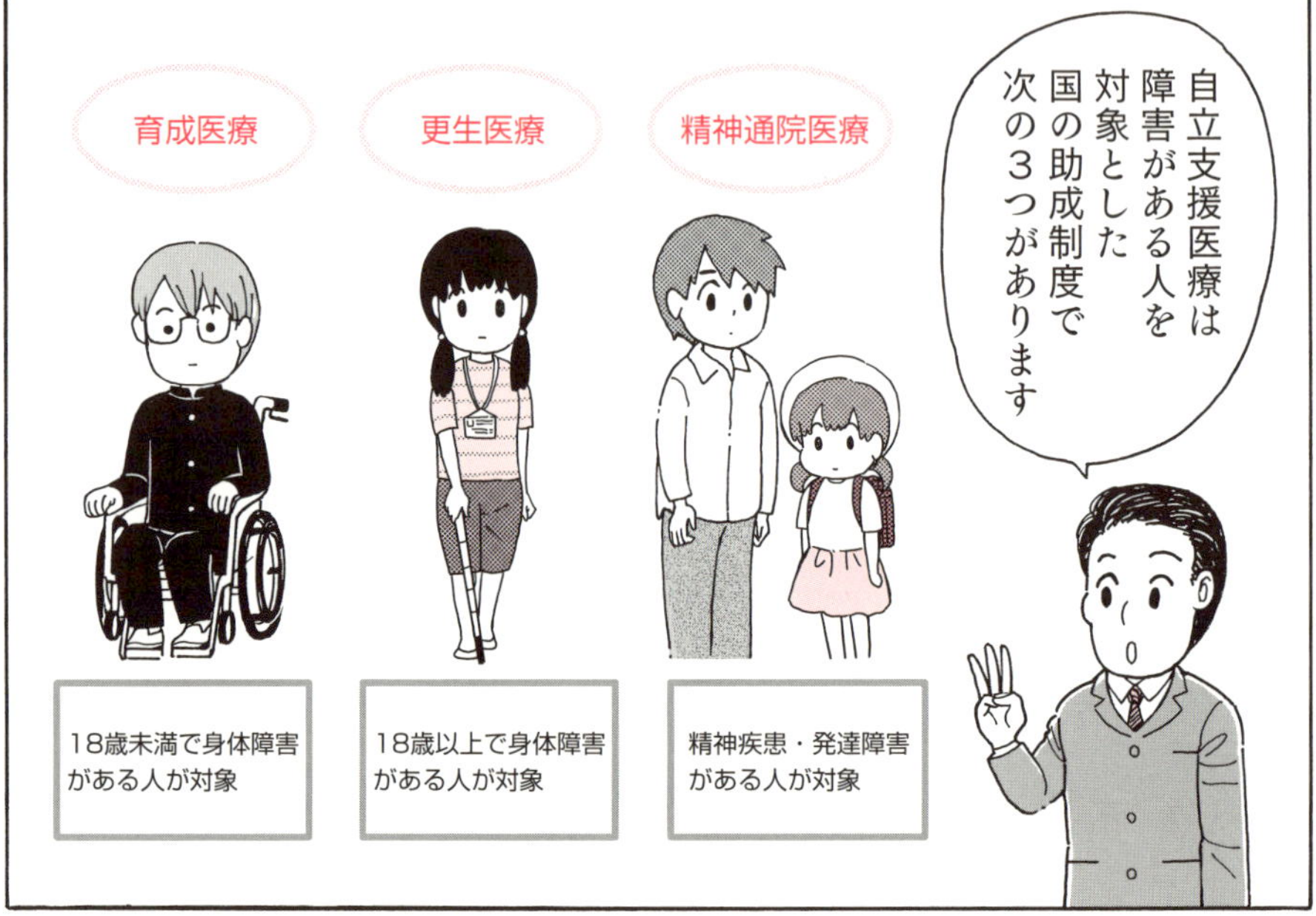

自立支援医療は障害がある人を対象とした国の助成制度で次の３つがあります
育成医療
18歳未満で身体障害がある人が対象
更生医療
18歳以上で身体障害がある人が対象
精神通院医療
精神疾患・発達障害がある人が対象

精神通院医療の特徴

- 精神障害者保健福祉手帳を持っていない人も申請できる
- 月の上限額が決まっており、それ以上は自己負担なしに
- 通院のみが対象（入院は対象外）などの制限がある

➡200ページ参照

このうち読者に注目していただきたいのは**精神通院医療**で自己負担が原則１割になります

④福祉医療

～障害がある人の医療費を減らしてくれる自治体の制度～

＊「福祉医療」とは、他の医療費助成との区別をつけやすくするために使っている本書独自の用語です
生活に困っている人や障害がある人を対象に独自に医療費助成を行っている自治体(市区町村)もあります
重度障害者医療費助成
福祉医療費給付金制度
精神障がい者医療助成
重度心身障がい者医療費助成制度

自治体ごとに名称も助成内容も異なるので後でいくつか紹介するにとどめます
➡202ページ参照

使い勝手のいい制度ばかりではありませんがこれらの助成を組み合わせて使うと自己負担がゼロになるケースもあります
あら！こっちの助成使えるかも
えっ！ゼロに!!
ただし！何度か言いましたが注意点があります
いずれの医療費助成も自ら申請しなければ利用できません
書類がそろった！申請しに行こ!!

相談1
「子ども医療費助成」は出生届を出すときなどに役所が案内してくれるケースもあるようですが
制度の存在を知って自ら申し出ないと利用できませんので気をつけてください
□□市子ども医療費助成金交付申請書
まずは地元の役所に相談ですね！

医療費の仕組み

公的医療保険ってどうなってる？

日本の公的医療保険は1922年に誕生しましたが、保険の適用から外れる人が多かったため1958年に国民健康保険法が全面改正され、さらに制度の整備も行われて、1961年からいわゆる「国民皆保険制度」が始まりました。これによって国民全員が何らかの医療保険に加入することとなり、現在に至ります。

医療保険の仕組みを大雑把に説明すると、加入している人（被保険者）は、所得に応じて毎月、保険料を納めます。そして医療を受けたとき、被保険者は医療費の1～3割を窓口で支払い、残りの医療費は医療保険から支払われるという具合になっています。

これによって被保険者が負担する医療費、すなわち自己負担はかなり安く抑えられますが、病気が長びいたり、大病を患ったりすると、自己負担が侮れない額になることもあります。本章で紹介する医療費助成とは、その自己負担の金額を軽減する制度のことです。

医療費の自己負担の割合

義務教育就学前	義務教育就学後～69歳	70～74歳	75歳～
2割	**3割**	**2割** （現役並み所得者は３割）	**1割** （所得により２～３割負担）

被用者保険など
該当する医療保険に加入

国民健康保険
などに加入

後期高齢者医療
制度に加入

おもな公的医療保険制度と加入者

大きくは次の３つです。自分がどの医療保険に加入しているかは、保険証（正式には被保険者証）の表面に記載されています。

被用者保険

全国健康保険協会（協会けんぽ）
……中小企業で働く従業員とその家族など

健康保険組合……おもに大企業で働く従業員とその家族

共済組合
……国家公務員や地方公務員、私立学校の教職員とその家族

国民健康保険

75歳未満の自営業者、退職者、年金生活者など

後期高齢者医療制度

75歳以上の人と、65歳以上で一定の障害があり認定を受けた人

誰もが使える

高額療養費制度とはなにか?

制度の概要　高額療養費制度は、1ヵ月間（月の初めから終わりまで）に支払った医療費が一定の「上限額」を超えた場合、超えた分の金額を払い戻す制度で、公的医療保険に加入していれば障害の有無にかかわらず誰でも利用できます。上限額は加入者の年齢や所得などによって変わります（詳しくは次ページを参照）。

過去2年までさかのぼって申請でき、一定の条件はありますが、「同じ月であれば、複数の医療機関や薬局での支払いを合算できる」「同じ医療保険に加入している世帯全員の医療費を合算できる」といった特徴もあります。

さらに、前もって「限度額適用認定証」の交付を受ければ、医療機関の窓口で支払う金額を上限額までに抑えることも可能です。*

申請の方法　加入している医療保険が窓口になります。手元にある保険証を見て自分の医療保険を確認し、まず問い合わせ、必要書類をそろえて申請しましょう。

*オンライン資格確認を導入している医療機関などの場合、健康保険証利用登録を行ったマイナンバーカードの提出でも可能とされています

自己負担の上限額（69歳以下の人の場合）

月の上限額は、年収に応じて以下の表の式によって計算されます。過去１年以内に３回以上、上限額に達した場合、４回目からは「多数回」該当となり、上限額は 多数回 欄の金額になります。なお、差額ベッド代や先進医療の費用など、対象外となる費用もあります。

適用区分	世帯ごとのひと月の上限額 （多数回 ＝多数回該当の場合の上限額）
年収約1160万円～ 健保：標報83万円以上 国保：年間所得901万円超	25万2600円＋（医療費－84万2000）×１％ 多数回 14万100円
年収約770万～約1160万円 健保：標報53万～79万円 国保：年間所得600万～901万円	16万7400円＋（医療費－55万8000）×１％ 多数回 ９万3000円
年収約370万～約770万円 健保：標報28万～50万円 国保：年間所得210万～600万円	8万100円＋（医療費－26万7000）×１％ 多数回 ４万4400円
～年収約370万円 健保：標報26万円以下 国保：年間所得210万円以下	５万7600円 多数回 ４万4400円
住民税非課税者	３万5400円 多数回 ２万4600円

＊この式での「医療費」とは総医療費（医療費の10割）のこと。自己負担ぶんだけではないので要注意

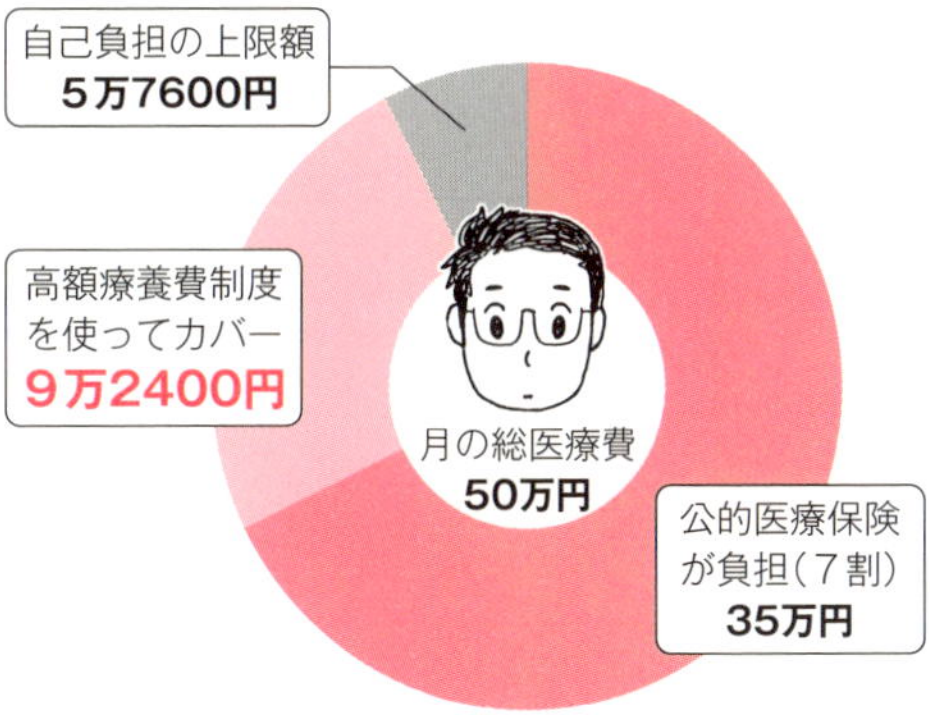

支給例

マンガで紹介したＥさんのケース（187ページ、世帯年収300万円）をもとに、高額療養費制度を使った場合の総医療費の内訳をあらためて見ると次のようになります。

子どもが対象

子ども医療費助成制度ってなに？

制度の概要　対象年齢のすべての子どもに対して自治体（市区町村）が実施している医療費助成です。子どもにかかる医療費の自己負担分（2割または3割）が「自己負担なし」または「一部負担」となり、多くの場合、通院・入院いずれも対象となっているのが特徴です。ただし、自治体により助成の範囲や内容にはバラつきがあります。次ページの表にいくつか例を挙げましたが、通院・入院ともに、所得にかかわらず18歳まで自己負担なしの自治体がある一方、対象年齢を「就学前まで」あるいは逆に「24歳まで」とする自治体や、保護者の所得により助成を制限している自治体もあります。

申請の方法　所定の申請書に記入し、子どもの保険証のコピーなどを用意して市区町村の役所で申請します。認められると「医療証」（または「受給者証」などとも呼ばれる）が交付され、それを医療機関で提示する、という仕組みを採用している自治体が大多数のようです。

子ども医療費助成の実施状況（一部）

自治体	名称	いつまでが対象か		自己負担の有無	
		通院	入院	通院	入院
釧路市（北海道）	子ども医療費助成制度	就学前	18歳の年度末	なし	なし
仙台市（宮城県）	子ども医療費助成	15歳の年度末	15歳の年度末	あり	あり
川崎市（神奈川県）	小児医療費助成事業	12歳の年度末	15歳の年度末	あり	なし
大野市（福井県）	子ども医療費助成制度	20歳の年度末	20歳の年度末	なし	なし
豊田市（愛知県）	子ども医療費助成制度	15歳の年度末	24歳の年度末	なし	なし
京丹後市（京都府）	子育て支援医療費助成制度	22歳の年度末	22歳の年度末	あり	あり
呉市（広島県）	こども医療費助成制度	12歳の年度末	15歳の年度末	あり	あり
高知市（高知県）	子ども医療費助成事業	12歳の年度末	12歳の年度末	なし	なし
竹田市（大分県）	子ども医療費助成事業	15歳の年度末	15歳の年度末	なし	なし

＊こども家庭庁「市区町村におけるこども医療費援助の実施状況（令和5年4月1日現在）」より抜粋・改編。最新の情報は各自治体に直接お問い合わせください。

障害者が対象

自立支援医療（精神通院医療）とは？

制度の概要　自立支援医療は、障害のある人を対象に国が行っている医療費助成で、身体障害がある人への「育成医療」（18歳未満）、「更生医療」（18歳以上）と、精神疾患・発達障害がある人への「精神通院医療」の3つにわかれています。

このうち「精神通院医療」は精神障害者保健福祉手帳（第2章参照）がなくても申請でき、（所得により異なりますが）自己負担が1割かそれ以下まで軽減されます。ひと月あたりの「負担上限額」も設定されており、上限に達した月はそれ以上の自己負担は発生しません。

外来での診察・投薬や、デイケア、訪問看護などの利用料が対象となりますが、利用できる医療機関は限られており、入院治療は対象外などの制約があります。

申請の方法　申請書、診断書、保険証などを用意して役所で申請し、認められると「自立支援医療受給者証」と「自己負担上限額管理票」が交付されるので、それらを医療機関で提示して使います。有効期間は1年以内で、その後も制度を利用する場合は更新が必要です。

精神通院医療における自己負担の割合と上限額

右端の「重度かつ継続」とは、統合失調症やうつ病などにより、高額な治療を長期間にわたって受け続けなければいけない人を指しています。

世帯の所得区分		自己負担割合	ひと月あたりの上限額	
			一般	重度かつ継続
生活保護	生活保護世帯	0割	0円	
低所得1	市町村民税非課税（本人または保護者の年収80万円以下）	1割	2500円	
低所得2	市町村民税非課税（本人または保護者の年収80万円超）		5000円	
中間1	市町村民税3万3000円未満		高額療養費の自己負担限度額	5000円
中間2	市町村民税3万3000～23万5000円未満			1万円
一定所得以上	市町村民税23万5000円以上	対象外	対象外	2万円

自立支援医療の制約

自立支援医療が適用されるのは、都道府県または政令指定都市が指定した「指定自立支援医療機関」に限られます（利用する側が好きな医療機関を選べるわけではありません）。指定医療機関は交付される自立支援医療受給者証に載っており、原則として病院あるいは診療所、薬局などがそれぞれ1つずつ記載されます。

また、精神通院医療については、精神疾患・発達障害と関係のない疾患（たとえば風邪など）の医療費は対象になりませんし、公的医療保険の対象とならない治療（病院以外で行われるカウンセリングなど）の費用は軽減されません。

住民が対象

自治体の助成にはどんなものがある？

制度の概要　障害がある人やひとり親家庭などを対象に独自の医療費助成制度を設けている自治体のなかには、精神障害者保健福祉手帳を持つ人に医療費助成を実施しているところも多数あります。

このような自治体独自の助成を本書では仮に「福祉医療」と総称していますが、その中身を具体的に見ると、次ページの表の通り、名称、対象、助成の範囲などで差が大きいのが実情です。国の制度（たとえば自立支援医療）を優先的に使うよう求めている自治体もあります。

申請の方法　まず、お住まいの自治体に助成制度があるかどうか調べましょう。インターネットで下調べをしてから役所に電話で問い合わせれば確実です。申請にあたっては申請書、保険証、手帳のほか、自立支援医療の受給者証の提示を求める自治体もあります。

検索のヒント

以下のワードを２つか３つ組み合わせて検索するのがおすすめです

市区町村名　＋　{ 精神障害 / 精神障害者保健福祉手帳 / 福祉医療 }

独自の助成を実施している自治体の例

自治体（県名）	名称	対象となる精神障害者保健福祉手帳（以下、手帳）の等級や助成の内容など
札幌市（北海道）	重度心身障がい者医療費助成制度	1級の手帳を持つ人が対象。医療費の自己負担額を助成する。年齢や住民税の課税状況などにより一部負担金が発生することもある
郡山市（福島県）	重度心身障害者医療費の助成	1級の手帳、または2～3級の手帳と身体障害者手帳か療育手帳を持つ人が対象。「受給資格者証」の交付を受け、それを医療機関で提示して利用する。医療費は窓口で支払ったのち、市に届け出て払い戻しを受ける
相模原市（神奈川県）	重度障害者医療費助成	1級または2級の手帳を持つ人が対象。交付される「医療証」を健康保険証とともに医療機関の窓口で提示すれば、保険診療による医療費は自己負担なしになる
駒ヶ根市（長野県）	福祉医療費給付金制度	障害者だけでなく、ひとり親家庭なども対象とする制度。あらかじめ「福祉医療費受給者証」を取得しておき、受診時に提示して助成を受ける。精神障害者保健福祉手帳を持つ人は1～3級まで対象（ただし所得制限がある）
川上村（長野県）	福祉医療費給付制度	乳幼児やひとり親家庭なども利用できる制度で、精神障害の人は1～3級の人が対象（ただし2～3級の人は所得制限がある）。「受給者証」を取得することで、保険診療による医療費の自己負担が月に500円となる
岡崎市（愛知県）	精神障がい者医療費助成	1～3級の手帳を持っており、自立支援医療（精神通院）の認定をうけている人が対象（3級の人は一部に限る）。精神科は自立支援医療を使った1割分を、その他は保険診療による医療費の自己負担分を全額助成する
越前市（福井県）	重度心身障害者等の医療費助成	1級または2級の手帳と、自立支援医療の受給者証を持っている人が対象。ただし所得制限があり、精神障害の場合は通院医療のみが助成の対象となる
雲南市（島根県）	福祉医療費助成制度	ひとり親家庭や介護が必要な人の支援も行う制度で、20歳以上の人には所得制限がある。精神障害では「1級の人」「2級の手帳と身体障害者手帳3～4級の人」「2級の手帳があり知的障害（概ねIQ50以下）がある人」が対象となる

困ったときの最後の砦《とりで》「生活保護制度」のあらまし

病気・障害で働けない・生活できないときは、生活保護が役に立つかもしれません。最後の「よりどころ」となるこの制度について簡潔に説明しておきたいと思います。

どのような制度か

生活保護は基本的人権のひとつである「生存権」を保障・実現するための制度で、困窮している世帯であれば障害の有無にかかわらず利用できます。

その仕組みを一言で表現すると「足らず」を補う制度であると言えるでしょう。衣食住、教育、医療など生活にはお金がかかります。それらの費用のうち、本人もしくは家族の力ではまかないきれないぶんを「保護費」として支給することになっています（次ページの図を参照）。

生活保護の申請方法

住んでいる地域を所管する「福祉事務所」が窓口です。申請書がなくても、必要な書類がそろっていなくても、住む場所がなくても申請は可能です。

保護を受ける人は財産を現金化して優先的に活用すること、働ける人はできるだけ働くこと、など最低限の４つの要件が求められますが（「補足性の原理」と言います）、切迫したニーズや個別の事情は考慮されます。「自分は保護は受けられないだろう」と安易に判断せず、本当に困った場合はとにかく福祉事務所を訪ねるところから始めるといいでしょう。

保護が認められたあとは

生活保護を受けることになった人には、一定の権利が認められています。たとえば正当な理由なく保護費が変更されたり、保護費に税金が課されたり、あるいは保護費（またはそれを受ける権利）を差し押さえられたりすることはありません。一方、世帯に収入があった場合は、福祉事務所の担当員（ケースワーカー）に届け出たうえ、原則その指示・指導に従うなどの義務も法律で定められています。

支給する保護費の額を決める仕組み

保護を受ける人の生活をカバーする８つの「扶助」があり、世帯の事情に応じた支給額（「扶助基準」と言います）を合算して最低生活費を算出します。障害の程度により加算が行われることもあります。

生活扶助
食事や光熱費などの基本的な生活費

住宅扶助
アパートなどの家賃。一定の範囲で実費支給

教育扶助
義務教育を受けるのに必要な学用品費など

医療扶助
医療費。医療機関へ直接支払われる

介護扶助
介護サービス利用費。事業者に支払われる

出産扶助
出産にかかる費用。一定の範囲で実費支給

生業扶助
就労に要する技能の習得に必要な費用

葬祭扶助
亡くなった人がいる場合の葬儀費用

必要な扶助の基準額を合算

最低生活費（月額X円）

福祉事務所で算出

世帯の実際の収入（月額Y円）　**不足分（Z円）**

最低生活費（X円）から世帯の実際の収入（Y円）を引いて不足するZ円が「保護費」として支給されます（X円＜Y円の場合は支給されません）。

おわりに

読者のみなさん、最後までお読みくださり本当にありがとうございました。私の願いは、誰もが自らの人生の主人公であり、「産まれてきてよかった、生きてきてよかった」と感じられることです。その願いを社会に発信したくて、これまで講演をしたり、本を書いたりしてきました。数年前には、保育所の保護者の方を対象に次のようなことをお話ししました。

「社会で暮らしていたら、今後お子さんが、どんなことに遭遇するかはわかりません。精神疾患にかかるリスクももちろんありますが、そんなことばかり考えていたら日々の生活を楽しめません。そのことからも、保護者の方々には、びくびくするのではなく、日々お子さんに向き合い、多くの泣き笑いを共有し、愛情をいっぱい注いでいただきたいと思います。言い換えると『愛情貯金』をしてほしいのです。愛情貯金があれば、子どもは、たとえ障害を抱えることになっても、人の優しさや社会生活の楽しさを知っているので、自分を愛おしみ、周囲を信じ、未来に向かって生きていけるでしょう。最初は戸惑うでしょうが、いずれそんな日が必ずやってきます……」

しかし、現実に自分が、家族が、精神疾患にかかったり、発達障害を有すると判明した場合、すべてを愛情貯金だけで何とかすることはできません。ひとりで、あるいは、家族で抱え込まず、どうか使える制度やサービスを存分に活用してください。お金の見通しがつけば、人はちょっと安心し元気が出ます。そうしたら不思議と身近な人に、そして自分にも優しくできるものです。

法律による国の制度、条例による都道府県や市区町村の制度、事業者による福祉サービスは、こちらから「活用したい」と手を挙げる必要があります。ところが、心や体のエネルギーが低下しているときは、それすら簡単にはできないでしょう。それでも、せめて本書を通して、暮らしの応援団（人や制度）の存在を知ってください。知ることは未来を創造することにつながります。本書を作った意義は、そこにあるのです。

私が社会福祉に携わり始めてから、もうすぐ40年になります。これからも、モットーである「もし自分が本人、あるいは、家族の立場ならば」を意識し、誠実に目の前の人に向き合っていく所存です。

最後になりましたが、とっておきの可愛らしいマンガを描いてくださった、かなしろにゃんこ。さん、企画・編集に多大なるご尽力をくださった中満和大さん、数々のご協力をいただいた江本芳野さん、そして、お亡くなりになるまで本書の制作に情熱を注いでくださった天野弘美さんにお礼を申し上げます。

精神疾患・発達障害がある本人や家族のみなさんとの出会いに感謝して

２０２４年10月

青木聖久

著者　青木聖久（あおき・きよひさ）

1965年、兵庫県淡路島生まれ。日本福祉大学教授、精神保健福祉士。日本福祉大学社会福祉学部を卒業後、精神保健福祉分野のソーシャルワーカーとして精神科病院で約14年にわたり勤務。その後、兵庫県内の小規模作業所（現・地域活動支援センター）の所長として4年間勤務し、2006年より日本福祉大学へ赴任、2012年より現職。2012年に龍谷大学大学院社会学研究科博士後期課程を修了（社会福祉学博士）。全国精神保健福祉会連合会顧問、日本精神保健福祉学会副会長を兼任する。『精神障害者の生活支援』（単著、法律文化社）、『精神・発達障害がある人の経済的支援ガイドブック』（編著、中央法規出版）など著作多数。

漫画　かなしろにゃんこ。

千葉県生まれ。漫画家。作品に、発達障害のＡＤＨＤがある息子との日々を描いた『漫画家ママの　うちの子はＡＤＨＤ』『うちの子はADHD　反抗期で超たいへん！』（ともに監修：田中康雄)、『発達障害　僕にはイラつく理由《ワケ》がある！』『発達障害「できないこと」には理由《ワケ》がある！』(ともに監修・解説：前川あさ美。以上、講談社）などがある。

発達障害《はったつしょうがい》・精神疾患《せいしんしっかん》がある子《こ》とその家族《かぞく》が
もらえるお金《かね》・減《へ》らせる支出《ししゅつ》　　こころライブラリー

2024年11月12日　第１刷発行

著　者　青木聖久《あおききよひさ》
漫　画　かなしろにゃんこ。
発行者　篠木和久
発行所　株式会社講談社
郵便番号112-8001
東京都文京区音羽2-12-21
電話　編集　03-5395-3560
販売　03-5395-4415
業務　03-5395-3615
印刷所　株式会社新藤慶昌堂
製本所　株式会社国宝社

N.D.C.143　207p　21cm

ISBN978-4-06-537648-5